JN232309

絵と文章でわかりやすい！

# 図解雑学
# 建 築

羽根義男＝監修

ナツメ社

# はじめに

　建築は、生活の三大要素である食・衣・住の「住」そのものであり、とても身近な技術ですから、どなたにも自分の生活体験による「住まい」への思い入れがあると思います。

　そうした大勢の人々の永年にわたる思いの結晶が、家や寺院であり、城や工場であり、駅舎やビルディングなのです。

　世界には実にたくさんの建物があります。みなさんが初めて訪ねた土地で、珍しい建物やおもしろい住宅を目にすることがあると思います。その珍しさのすべて、たとえば屋根の勾配、軒の出方、窓の形、壁の厚み、内部造作などが、それぞれその土地の気候風土、歴史、建造時の社会状況を反映しているのです。

　どんな時代に、どんな人が、どんな手段で建てたのか想像してみてください。建築は社会が変化するにつれて、時代に適したものが生き残り、新しい提案が加わっていきます。もちろん、すべての人の思いの結果ですから、捨て切れない因習も、先走った提案も混じっていますが…。

　建築に関する材料・構造計画・施工方法などの技術は年々進歩して、大規模なものがつくられるようになり、いまでは地上450mの建物や、延べ床面積50万m²の建物もできています。

　しかし、いくら大規模で高度な解析に基づいた建物がつくられるようになっても、建築の目的は決して、大きいこと、広いこと、高いことや、外観のおもしろさではありません。安全な場所を確保し、厳しい気候から人々を保護し、用途に応じた種々の設備を提供すること、すなわち人々の利便こそが建築の目的です。

　建物の快適性、使いやすさの研究も進歩して、建築規模の大小を

問わず、キメの細やかさが求められる時代です。その意味でも、建築技術の出発点はすべて住宅にあり、その後の高度な研究や解析の結果もすべて最終的に住宅に反映されるものなのです。

　本書では、建築に関する技術を、つねにその原点である住宅を軸に説明していきます。まず建築の概念を解説し、建築材料の話に進み、建築の歴史や現状を紹介しながら、建築の計画や工法で大切な事項をあわせて解説します。

　読んだあとで、もう少し建築を知りたいと思われた方には、建築に用いられている部材の名前を覚えて、その由来などを調べることをお勧めします。それを糸口に、長い歴史のなかで育まれてきた工夫と伝統を、より身近に感じ、また、建築が近未来にどのように変わっていくかを想像して楽しんでください。

　建築に一層興味を持ち、建築を愛してくださることを期待します。

羽根義男

# CONTENTS

はじめに

## Chapter 1 建築の基礎知識

建物はどう発展してきたか
　　　　　日本の建築の歴史をたどってみよう ……………… 10
古代、人はどのような家に住んでいたか
　　　　　竪穴式住居と高床式建物 ……………… 12
神社建築のはじまり　国家体制の整備とともに ……………… 14
はなやかな貴族たちの住宅　寝殿づくり ……………… 16
武士が住んだ簡素な住宅　書院づくり ……………… 18
武家政治の象徴だった「城」　城下町の誕生 ……………… 20
開国後の建築大変革期　西洋建築との接触 ……………… 22
鉄骨・鉄筋づくりの普及　耐震技術の発達 ……………… 24
超高層ビルの時代　どこまで伸びるか ……………… 26
住居以外のいろいろな建築物　ちょっと街を眺めてみると …… 28
建築にかかわる人たち
　　　　　施主・施工業者・設計事務所 ……………… 30
設計の仕事は3つに分かれる　意匠屋・構造屋・設備屋 ………… 32
工事現場で働く人たち　いくつもの専門工事 ……………… 34
建物ができるまでの流れ
　　　　　調査・企画段階から引き渡しまで ……………… 36
●コラム　あなたの敷地は安全ですか？ ……………… 38

# Chapter 2 建物を構成するさまざまな材料

- 建物にはどんな力がかかるのか　自然の力から守る ……………… 40
- 材料に働くいろいろな力　引張・圧縮・曲げ・せん断 ……………… 42
- 外からかかる力に対抗する強さ　必要な応力は ……………… 44
- 木はもっとも身近な建築材料　木材の一般知識 ……………… 46
- 木は十分に乾燥させることが大切　湿度との関係 ……………… 48
- 木材の強度を考える　木の強度と燃焼性 ……………… 50
- 木の弱点を補った合板　有害物質に注意 ……………… 52
- 海外では身近な石材　日本では装飾に活躍 ……………… 54
- れんがはもっとも古い人工の材料
  　　　用途に対応した豊富な種類 ……………… 56
- コンクリートは何でできているか
  　　　化学反応によって固まる ……………… 58
- 調合で品質が決まるコンクリート　水の比率が性質を左右する ……… 60
- コンクリートの品質を安定させる　工場でつくるコンクリート ……… 62
- コンクリートの弱点を補う　鉄筋コンクリート ……………… 64
- コンクリートと鉄筋は相性がいい
  　　　なぜ鉄筋でなくてはいけないのか ……………… 66
- コンクリートをより一層強化する　プレストレストコンクリート ……… 68
- 鉄はどうやってつくられるのか　鉄鉱石・銑鉄・鋼 ……………… 70
- 鋼材の特徴　炭素の量で強度が決まる ……………… 72
- 鋼鉄を長持ちさせるために　防火・防食対策 ……………… 74
- 水から建物を守る　防水層を設ける ……………… 76
- 仕上げはデザインのためではない　内外装材料 ……………… 78
- 火災を防ぐための内装材　防火材料と耐火材料 ……………… 80

● コラム　地震が来ても崩れにくい構造ですか？ ………………82

## Chapter 3　建物を建てる環境を整える

街はどうやってできているのか　都市計画とはなにか ………… 84
建物を建てるためのさまざまな法律
　　　　　　たくさんの決まりごと ……………………………… 86
街の区分の仕方　用途地域・高度地区・風致地区 ……………… 88
建物の大きさについての決まり①　建ぺい率・容積率 ………… 90
建物の大きさについての決まり②　高さ制限 …………………… 92
かならずしも守られていない規制　規制の限界 ………………… 94
建てる前に測量する①　測量の目的 ……………………………… 96
建てる前に測量する②　三角測量 ………………………………… 98
建物の下の地盤を探る　地盤の構成 ……………………………100
建物を支える基礎　基礎の目的 …………………………………102
地盤の状態を調べる　地質調査 …………………………………104
地盤を整える　敷地造成の目的 …………………………………106
水平を決める作業　水盛り、遣り方 ……………………………108
基礎をつくる場所を掘っていく　根切り、山留め ……………110
● コラム　火が燃え移りにくい材料を使ってますか？ …………112

## Chapter 4　建物の構造と設備

建物を設計する　施主の要望に応じて ……………………………114
構造計画と構造設計　どんな構造にするか ………………………116
基礎にかかる力を計算する　直接基礎・杭基礎 …………………118
骨組にかかる力を考える①　弾性と塑性 …………………………120

骨組にかかる力を考える ②　座屈と崩壊 ……………………… 122
三角形を利用した構造　トラスという構造骨組 ……………… 124
接合部分をしっかり固定する　ラーメン構造 ………………… 126
地震にそなえるための構造　剛構造と柔構造 ………………… 128
制振構造のしくみ　地震のゆれを吸収する …………………… 130
免震構造のしくみ　地盤と建物を断ち切る …………………… 132
風に対する安全性を確保する　耐風設計とビル風対策 ……… 134
温度によって建物は伸び縮みする　温度変化への対策 ……… 136
木造建築の工法　在来軸組工法からハイブリッド木造まで …… 138
日本の伝統的な木造工法　在来軸組工法 ……………………… 140
「面」で構成される建物　ツーバイフォー工法 ………………… 142
鉄筋コンクリートづくり
　　　鉄筋コンクリートの強度を利用して ………………… 144
鉄骨づくり　鋼鉄の粘り強さを利用して ……………………… 146
鉄骨鉄筋コンクリートづくり
　　　鉄骨と鉄筋コンクリートの合体 ……………………… 148
光、空気、音、熱をコントロールする窓
　　　窓に関する規制 ………………………………………… 150
窓と照明で部屋の明るさを調整　自然の光と人工の光 ……… 152
冷暖房機器を選ぶための要素
　　　ヒートロスとヒートゲイン …………………………… 154
結露を防ぐ　断熱性能が悪いと ………………………………… 156
換気をして外気を取り入れる　換気の重要性 ………………… 158
騒音の発生と防止　吸音と遮音 ………………………………… 160
●コラム　避雷針が必要な建物ですか？ ……………………… 162

# Chapter 5 建築工事の流れとしくみ

木造住宅の作業工程
　　　　　安全祈願祭から竣工まで ……………………………164
仮設工事から基礎工事　木造住宅にも仮設工事は必要 …………166
基礎の上に土台を設置する　基礎と土台はどう違う？ …………168
家の骨組を組んでいく　建前の方法 ………………………………170
屋根の骨組、小屋組をつくる　ひずみ直しと上棟式 ……………172
屋根を葺く　屋根工事の方法 ………………………………………174
斜め材を入れて補強する
　　　　　水平材、垂直材だけでは不安定だから ………………176
床の骨組と仕上げ　床下はどんなしくみになっているか ………178
壁をつくる　真壁と大壁 ……………………………………………180
外壁をつくる　外装工事 ……………………………………………182
窓やドアなどを取り付ける　敷居、鴨居の取り付け ……………184
床・壁・天井を仕上げる　下地と仕上げ …………………………186
設備工事には前準備が必要　基礎をつくる段階で ………………188
給水・排水のしくみ　配水管の水圧を利用する …………………190
鉄筋コンクリートづくりのビルをつくる
　　　　　全体の作業工程は ………………………………………192
はじめにとりかかる仮設工事　仮設工事の種類 …………………194
ビルの基礎をつくる　直接基礎と杭基礎 …………………………196
鉄筋コンクリートづくりの骨組
　　　　　鉄筋・型枠・コンクリート工事 ………………………198
コンクリートの型枠を組む　型枠工事 ……………………………200
骨組の鉄筋を組む　鉄筋工事 ………………………………………202

コンクリートを打つ　コンクリート工事 ……………………… 204
ビルの外壁を張る　外装の材料は ………………………………… 206
ビルの給水方法　高架水槽式と圧力水槽式 …………………… 208
検査をパスすれば工事完了　竣工検査から引き渡し ………… 210
定期的なメインテナンスを　快適に暮らしていくには ……… 212
まわりの建築物を眺めてみよう
　　　　これまでとは違った目で …………………………… 214
◉コラム　風への対策は十分ですか？ ………………………… 216
索引 …………………………………………………………………… 217

# Chapter 1

# 建築の
# 基礎知識

# 建物はどう発展してきたか

## ～日本の建築の歴史をたどってみよう～

「建築」というと、何をイメージするだろうか。ほとんどの人は、小さいころから住んでいる家が、一番身近な建築物だろう。では、あなたの家をあらためて見渡してみよう。普段はあまり気づかないかもしれないが、あちこちにいろいろな工夫がこらされていることに感心しないだろうか。

地震が起こっても簡単には崩れないようになっているし、雨が降っても、家の中に水が入らないだけでなく、うまく排水されるようになっている。また、太陽の光がほどよく家の中に入るよう、計画的に窓の向きや大きさなどが決められている。自然から身を守り、あるいは自然をうまく利用して、安心して生活することができるように工夫されているのだ。

いまでこそ、ほとんどの人が、不自由のない、快適な住居に住んでいるが、もちろん、人類が誕生したそのときから、こんなに便利な住居があったわけではない。当時は、建物を建てる材料はあっても、道具や、知識や習慣がなかった。より快適な住居を求めて、われわれの先祖が、何百年、何千年もの時をかけて積み重ねてきた技術の上に、現在の住居があるのである。

では、むかしの家はどんな形をしていたのか、そして、建築物はどのような経緯をたどって発達してきたのか、ざっと見ていこう。

いまから何千年もむかしに人間が暮らしていた建物を、実際に目で見ることができれば一番いいのだが、あいにくそのころの建物は現存しない。遺跡で復元されている住居は、建物跡や土器、装飾品などに描かれた住居の絵といったものを頼りにつくられているのだ。

## 快適な住居を求めて

自然から身を守り、自然をうまく利用して、安心して生活することができる住宅。

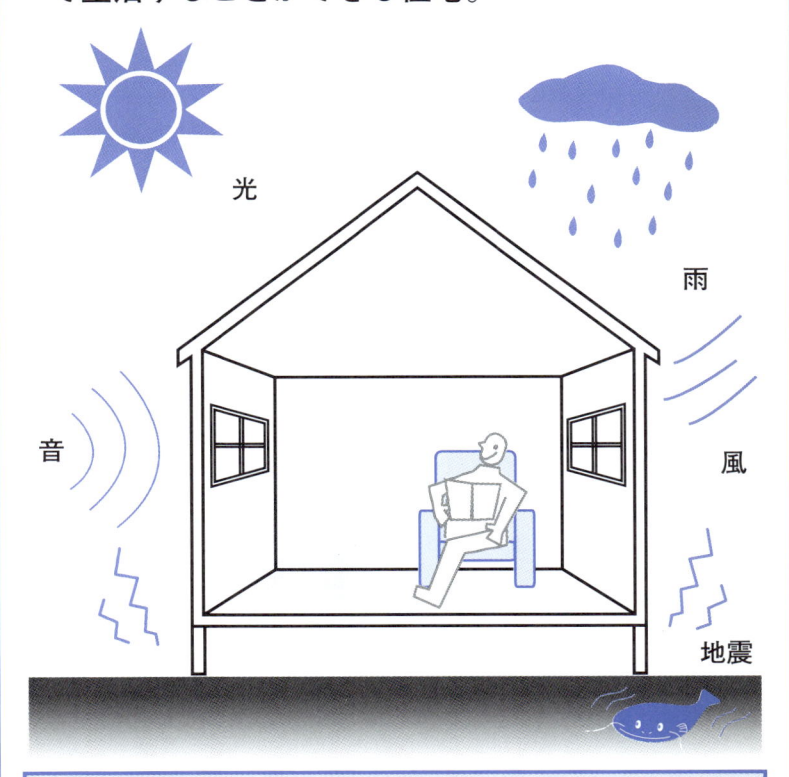

光

雨

音

風

地震

何百年・何千年もの年月を経て、建築の技術は発展し、現在の住居ができた。

# 古代、人はどのような家に住んでいたか

## ～竪穴式住居と高床式建物～

　人間が家を建てるようになる前は、自然の地形を利用して、洞窟や岩かげ、木の上などに住んでいたと考えられている。当時は、動物を狩ったり植物を採取したりして食料にしていた。そして、「もうここの食べ物は食べつくしたな」と判断したら、別の場所に移動するという生活をしていたので、移住しやすく、比較的簡単につくることのできる家のほうが都合がよかっただろう。

　縄文時代（紀元前30世紀～紀元前3世紀ごろ）のころになると、歴史の教科書でおなじみの「竪穴式住居」と呼ばれる建物が普及していた。地面を円形や方形に少し掘ってそこを床にし、その周囲の数個所をもう少し深く掘って柱を立て、円錐形や寄せ棟（イラスト参照）に組み、その上を草などで覆って屋根にしたと考えられている。地面の上に屋根だけが乗っかっているという感じだ。

　炉やカマド、溝などの設備がついた住居と考えられる遺跡も発見されている。広さはさまざまだが、20～30m²程度が多かったようだ。いまでいうと、ワンルームアパートメントくらいの広さだが、当時は、この狭い空間に家族数人が寝食を共にしていた。

　弥生時代（紀元前3世紀～紀元4世紀ごろ）に入ると、自分たちで穀物を育てて収穫する、農耕文化が始まる。そうすると、大事な収穫物を保管する場所が必要になる。そこで、稲穂の倉庫として、これまたおなじみの「高床式建物」と呼ばれるものができた。雨やネズミなどから稲穂を守るために床を高くし、そこに登るために、取りはずしできるはしごを使っていた。当時は、竪穴式の建物に住み、高床式の建物を倉庫に使うのが一般的だったと考えられている。

# 大むかしの人々が住んでいた家

■原始時代

**自然の地形を利用した住居**

洞窟(どうくつ)など

■縄文時代(じょうもんじだい)
（紀元前30世紀～紀元前3世紀）

**竪穴式住居(たてあなしきじゅうきょ)**

地面を掘って床をつくり、倒れないように柱を組んで屋根をかぶせた。

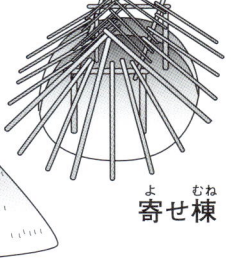

寄せ棟(よせむね)

■弥生時代(やよいじだい)
（紀元前3世紀～紀元4世紀）

**高床式建物(たかゆかしきたてもの)**

食物を保管するために床を高く上げ、柱やはしごにはネズミ返しなどの工夫をこらした。

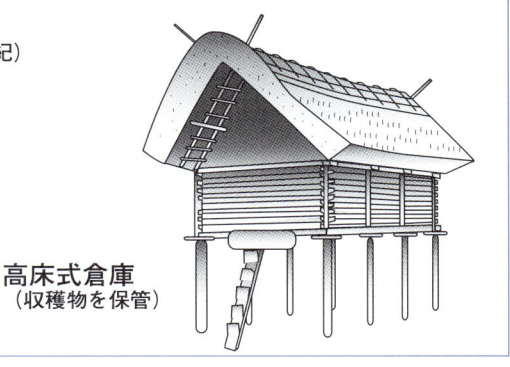

高床式倉庫
（収穫物を保管）

# 神社建築のはじまり

## ～国家体制の整備とともに～

　弥生時代の遺跡を見ると、いくつかの家族が集まって村をつくっていたようだ。村の真ん中には、高床式の倉庫があって、そのまわりを囲むようにして竪穴式の住居が建っていた跡が発見されている。

　人口が増えて村が大きくなったり、小さな村同士がくっついたりして、村の規模が大きくなると、国家が形成される。すると、次第に支配する人間とされる人間とがあらわれてきて、4世紀ごろになると、大和朝廷と呼ばれる政府によって西日本が統一される。

　国家体制が整うと、神様をまつる神社の建築ができたようだ。神社のなかでもっとも古い形式を残しているといわれるもののひとつである三重県の伊勢神宮、通称「お伊勢さま」を紹介しよう。

　神宮には2つの細長い敷地が東西に並んでいる。一方の敷地には正殿とその後方に宝殿2つが建っており、もう一方は空き地になっている。20年おきに社殿すべてを隣の土地に建て替えて、神様が引っ越しするための空き地なのだ。これは式年造替制と呼ばれ、天武天皇（在位673～86年）の時代に定められた。この制度は現在も続けられており、1993年に61回目の建て替えが行なわれた。当初の建築技術を使い建て替えられているため、木造の建物が1300年以上も継承されているのだ。正殿のつくりは、ヒノキを使った高床式建物。柱は円柱の下部を地中に埋め込んだ掘立柱。屋根は茅葺で、正面の真ん中に10段の階段がかかっている。形は弥生時代の高床式の倉に似た、装飾の少ないシンプルなものだが、ドイツの有名な建築家ブルーノ・タウトに「伊勢は世界の建築の王座。きっと天から降ってきたものだろう」とまでいわせたほどの美しさである。

# 現在も残る当時の神社建築

神社建築のなかでもっとも古い形式を残しているひとつである
三重県の伊勢神宮『お伊勢さま』

## ■ 伊勢神宮の式年造替制とは？

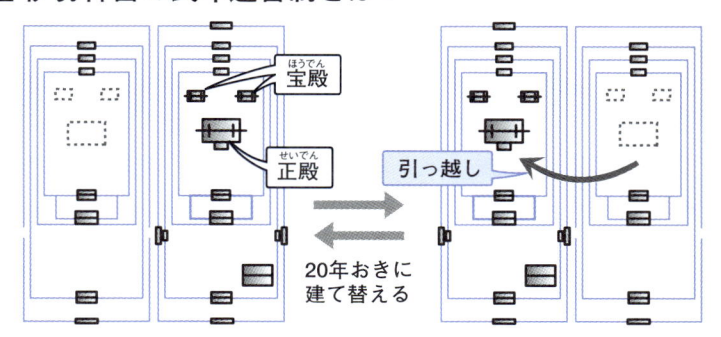

宝殿（ほうでん）
正殿（せいでん）
引っ越し
20年おきに建て替える

## ■ 伊勢神宮の正殿のつくり

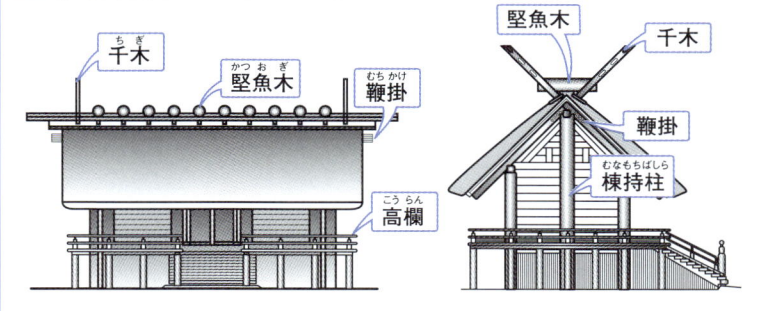

千木（ちぎ）
堅魚木（かつおぎ）
鞭掛（むちかけ）
高欄（こうらん）
堅魚木
千木
鞭掛
棟持柱（むなもちばしら）

伊勢神宮の正殿は建てられた当時と変わらない姿を残す。この建築様式を『唯一神明造（ゆいいつしんめいづくり）』という。

# はなやかな貴族たちの住宅

## ～寝殿づくり～

645年は、あの有名な政治改革「大化の改新」の年だ。これによって、日本は中央集権国家の道を歩むことになる。いまの大阪を都として、難波京という都市がつくられた。ちょうど大阪城のあたりに、天皇の住まいである宮殿が置かれていたそうだ。これが日本ではじめての計画都市だといわれている。それから、都は藤原京、平城京へと移り、「鳴クヨウグイス…」794年の平安京と、本格的な都市が徐々にできあがっていく。

平安時代のころには、はっきりと特権階級ができ、貴族文化が栄えた。不滅のロングセラー『源氏物語』には、貴族のはなやかな生活が描かれている。農民は竪穴式の住居に住んでいたようだが、有力な貴族は、「寝殿づくり」と呼ばれる建物に住んでいた。

床は高床式。主人が生活する寝殿を真ん中にして、その左右、あるいはうしろに対屋と呼ばれる建物があり、寝殿と対屋は渡り廊下でつながっていた。寝殿の南側は庭になっており、池や小さな山などをつくり、自然景観を取り入れていたものもある。

建物の中身は、間仕切りのほとんどないオープンなスペースに、必要に応じてついたてや屏風のようなものを置いて、空間を仕切っていたようだ。屋根は檜皮葺、天井はなかったので、屋根の裏側はまる見えだった。床は板張りで、これまた適宜、人が座る所に畳や座布団などを敷いていたという。

10円玉の表に描かれている京都の平等院は、寝殿づくりの住宅を改造してお寺にしたもの。当時の寝殿づくりの形式を残している貴重な建物といえるだろう。

# 平安時代の寝殿づくり

## ■ 本格的な計画都市、平安京の全域図

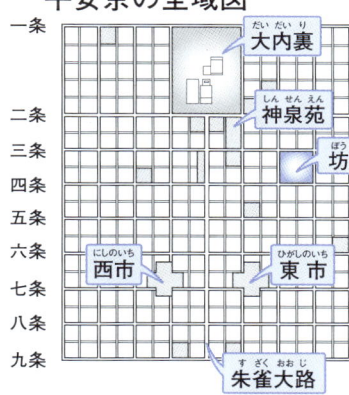

一条
二条
三条
四条
五条
六条
七条
八条
九条

大内裏（だいだいり）
神泉苑（しんせんえん）
坊（ぼう）
西市（にしのいち）
東市（ひがしのいち）
朱雀大路（すざくおおじ）

左右対称の碁盤目状の街

## ■ 寝殿づくりを上から見ると　法隆寺殿（ほうりゅうじでん）配置図

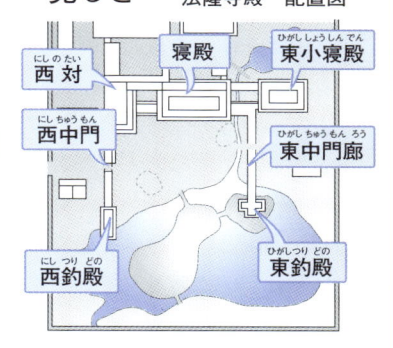

寝殿（しんでん）
西対（にしのたい）
東小寝殿（ひがししょうしんでん）
西中門（にしちゅうもん）
東中門廊（ひがしちゅうもんろう）
西釣殿（にしつりどの）
東釣殿（ひがしつりどの）

主人の部屋である寝殿を中心に、左右、前後に部屋を設け、渡り廊下（ろうか）でつなげている。

## ■ 寝殿の内部を見ると

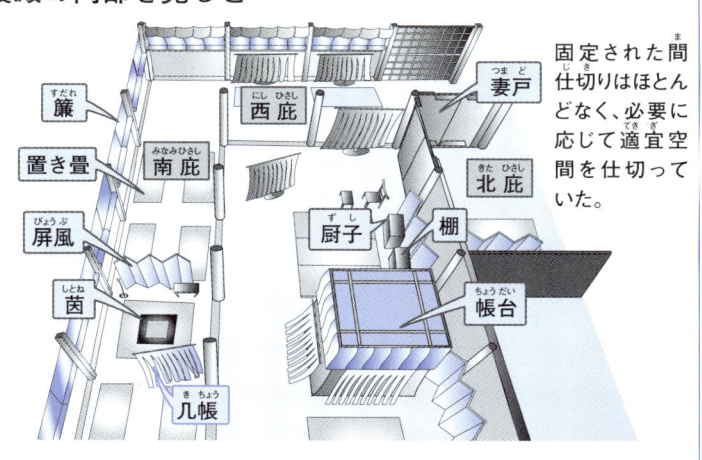

簾（すだれ）
置き畳
屏風（びょうぶ）
茵（しとね）
几帳（きちょう）
西庇（にしひさし）
南庇（みなみひさし）
妻戸（つまど）
北庇（きたひさし）
厨子（ずし）
棚
帳台（ちょうだい）

固定された間仕切（まじき）りはほとんどなく、必要に応じて適宜（てきぎ）空間を仕切っていた。

# 武士が住んだ簡素な住宅

建築の基礎知識 1

### 〜書院づくり〜

栄華を極めた貴族だが、武士の台頭によって、次第に権力を失なっていく。そして、源頼朝が打ち立てた鎌倉幕府の時代から、武士による政治機構ができ、本格的な武士政権が始まった。

では、武士はどんな家に住んでいたのだろう。「書院づくり」というのを聞いたことはないだろうか。これが、武士の住まいであった。書院というのは文書を書く机のこと。部屋にこの書院が取り付けられているのが、書院づくりの大きな特徴だ。

また、寝殿づくりは人が座る所にだけ敷物が敷かれていたのに対して、書院づくりは部屋全面に畳が敷かれていた。いまのわれわれの住宅と同じだ。さらに、天井がある、建具（戸やふすまなどのこと）によって部屋が仕切られている、床の間や違い棚（2枚の板を段違いに取り付けた飾り棚）などの設備がついている、といったことも大きな特徴といわれる。

鎌倉時代の書院づくりは初期のもので、書院づくりが完成したのは、桃山時代だといわれている。もともと武士だけに許された住まいだったのだが、そのうち有力な商人なども住むようになった。

京都の二条城二の丸御殿は、京都の警備のためと、京都に訪れたときの宿として徳川家康が建てた。一番奥の上段の間には、床の間と違い棚、書院がついている。ここが主人の部屋。そこにつながる下段の間、三の間、四の間が、主人と、訪ねてきた大名たちとが対面する場だったようだ。時代劇などで、そんなシーンを見たことがあるだろう。ちなみに、二条城の大広間は、徳川幕府最後の将軍、徳川慶喜が大政奉還を決めた場所としても有名だ。

# 武士の住まい、書院づくり

## ■ 書院づくりはこんな構成になっていた

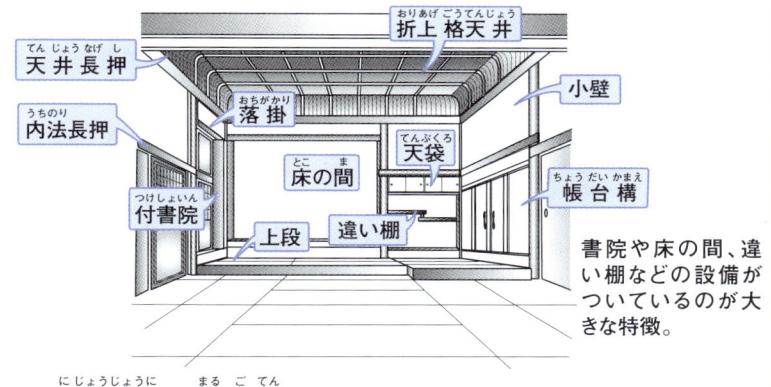

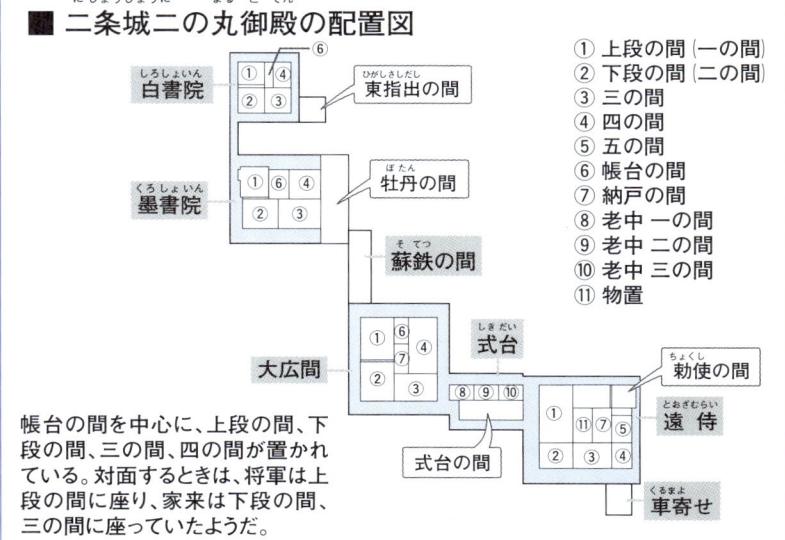

- 折上格天井(おりあげごうてんじょう)
- 天井長押(てんじょうなげし)
- 落掛(おちがかり)
- 小壁
- 内法長押(うちのり)
- 天袋(てんぶくろ)
- 床の間(とこのま)
- 帳台構(ちょうだいかまえ)
- 付書院(つけしょいん)
- 上段
- 違い棚

書院や床の間、違い棚などの設備がついているのが大きな特徴。

## ■ 二条城二の丸御殿(にじょうじょうにのまるごてん)の配置図

白書院(しろしょいん): ① ④ / ② ③ / ⑥
東指出の間(ひがしさしだし)

墨書院(くろしょいん): ① ⑥ ④ / ② ③
牡丹の間(ぼたん)

蘇鉄の間(そてつ)

大広間: ① ⑥ ④ / ② ⑦ ③
式台(しきだい)
式台の間: ⑧ ⑨ ⑩
勅使の間(ちょくし)
遠侍(とおざむらい): ① ⑪ ⑦ ⑤ / ② ③ ④
車寄せ(くるまよせ)

① 上段の間(一の間)
② 下段の間(二の間)
③ 三の間
④ 四の間
⑤ 五の間
⑥ 帳台の間
⑦ 納戸の間
⑧ 老中 一の間
⑨ 老中 二の間
⑩ 老中 三の間
⑪ 物置

帳台の間を中心に、上段の間、下段の間、三の間、四の間が置かれている。対面するときは、将軍は上段の間に座り、家来は下段の間、三の間に座っていたようだ。

# 武家政治の象徴だった「城」

**1 建築の基礎知識**

## ～城下町の誕生～

　鎌倉時代の後も武士による政治が続く。武士は戦うのが仕事。戦って相手の領地を奪い、自分の国を築いていく。負ければ領地を失う。その戦いの要塞として生まれた建物が城である。もともとは、戦うという目的に合った山城（山のてっぺんなど、敵が攻撃して来にくい所に建てられた城）が多かったが、戦国時代の後半ごろになると、平城（平地に建てられた城）が一般的になる。そのころから、城は単なる軍事施設ではなく、政治や経済の中心となり、そのまわりに町がつくられるようになった。これが城下町である。

「白亜の大天守」として有名な兵庫県の姫路城は、その規模の大きさ、均整のとれた建築、無駄のない縄張り（城の敷地内の諸施設の配置）などにおいて、世界的にも高く評価され、1993年に世界文化遺産に指定されている。ちなみに、白亜というのは石灰のことで、その名のとおり白く美しい壁が特徴だ。

　城の石垣は15m近くあり、その上から城のてっぺんまでは、31m。かなり背の高い建物だが、木でつくられている。一番高い建物は大天守と呼ばれ、その横に3つの小天守がつながっている。大天守は外から見ると5階建てだが、中は6階建て。さらに、石垣の中に地下室が1階ある。地下から6階の床下まで、24mもの長さの2本の柱が伸びており、各階の床はその柱に取り付けられている。その大きな柱が建物全体を支えているのだ。壁や塀のあちこちに穴が空いており、敵が侵入してきたときに、その穴から銃を撃ったり、石を落としたりして防御するようになっている。また、門をたくさん設けて防衛しやすいつくりにもなっている。

## 山城から平城へ

### はじめは山城の形がよくとられていた

敵が攻めてくると山城に移って戦闘に臨んでいた。

城主は普段、山里の居館に住んでいた。

### ■ 白亜の大天守『姫路城』

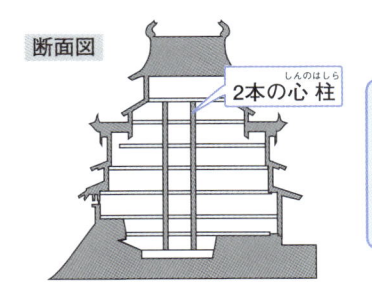

大天守

石垣の上から城の頂上まで31m。現在の11、12階建てアパートと同じくらいの高さだ。

断面図

2本の心柱

大天守の内部の中央に2本の心柱が地下から6階床下まで伸びている。各階の床はこの心柱に取り付けられており、構造的に強くなるよう工夫されている。

# 開国後の建築大変革期

~西洋建築との接触~

　徳川幕府の鎖国制度によって、二百数十年ものあいだ、日本は海外との交流を絶っていた。ところが1853年、アメリカのペリーの来航をきっかけに、開国することとなった。

　開国後は、海外から技術者や外交官、商人などが渡来し、その多くは横浜や神戸、長崎などの港町の外国人居留地に家を建てて住んでいた。いまは観光名所になっており、中に入って見学できる西洋建築もある。長崎には、大浦天主堂やグラバー邸など、そのころに建てられた西洋建築が残っており、多くの人が見学に訪れて、異国情緒を楽しんでいる。

　1863年に建てられたグラバー邸は、日本に現存するもっとも古い西洋建築のひとつで、国の重要文化財に指定されている。当初の持ち主は、幕末から明治時代にかけて活躍したイギリス人商人、トーマス・グラバーだ。この人は、倒幕を計る若い志士を助け、この邸宅の屋根裏部屋に彼らをかくまっていたそうだ。

　グラバー邸は木造の平屋建てで、屋根は和小屋という日本独自の形式。建物のまわりは石畳のベランダになっている。これは、ヨーロッパ諸国が東南アジアの植民地に建てていた住宅の形式から来たといわれている。また、もともとはL字形だったが、増改築を重ね、中央から各部屋がはりだしたクローバーのような形になった。

　全体的に開放的で、従来の日本住宅とは大きく異なるが、所々に日本的な部分もあり、和洋折衷という感じだ。というのも、設計は外国人だが、大工が日本人だったからだ。このような外国人設計士による西洋風建物の影響を受け、日本の建築は大きく変わっていく。

# 明治初期からの西洋建築

## ■ 大浦天主堂(おおうらてんしゅどう)

西洋建築物で唯一、国宝建築物に指定される。8角形のベルタワー、れんがづくり、しっくい塗りの外壁を持つ木造ゴシック様式の大教会。

ヨーロッパの教会にもっとも多く用いられているリブ・ヴォールトという天井(てんじょう)の形式を取り入れている。

## ■ グラバー邸

日本における西洋館のトップバッターとして知られるのが、グラバー邸。どの部屋からも海を臨むことができるように、各部屋が外に向かって、クローバー状にはりだしている。

屋根は日本の伝統的な和小屋(わごや)に瓦葺(かわらぶき)という、和洋折衷(わようせっちゅう)の建物。

# 鉄骨・鉄筋づくりの普及

## ～耐震技術の発達～

明治維新によって、国をあげて西洋の文化を取り入れようという気運が高まる。もちろん建築物もその例にもれず、西洋の技術が導入され、官庁関係の建物を手はじめとして、本格的な西洋建築が建てられた。当初は、外国人が設計を手がけていたが、彼らの指導によって日本人建築家が育ち、多方面で活動を始める。

もともと日本建築はおもに木材を使っていたが、このころから石やれんがを使った建築が出てくる。しかし、日本は地震が多く、石やれんがは崩れやすい。そこで、地震にそなえる耐震技術を向上させなければならなかった。そこで、鉄骨や鉄筋コンクリート、さらに、鉄骨鉄筋コンクリートといった新しい材料が導入されることになる。これらについてはあとの章でゆっくり説明するが、このような強い材料が建物の主要な部分に使われるようになったのだ。

日本で本格的に鉄骨づくりの建物が建てられるようになったのは、1910年ころから。1902年の三井銀行本店や、それに次ぐ日本橋丸善書店の建設などが、鉄骨づくりの先駆けとなった。

その後、鉄筋コンクリートづくりが普及する。鉄骨づくりの丸善書店にも、床に鉄筋コンクリートが用いられた。建物全体に鉄筋コンクリートが使われたのは、1911年の横浜の三井物産ビルがはじめて。地下1階、地上4階の、白いれんが張りのオフィスビルだった。

鉄骨鉄筋コンクリートづくりでは、三越の本店が1914年に建てられ、都市近代化のシンボルになった。5階建てで、中は5層分を貫いた吹き抜けになっていたが、床は畳だった。関東大震災に遭い、数回の増改築を経て現在の形になった。

## S造からSRC造へ

### ■ 丸善書店……鉄骨づくり(S造)の先駆け

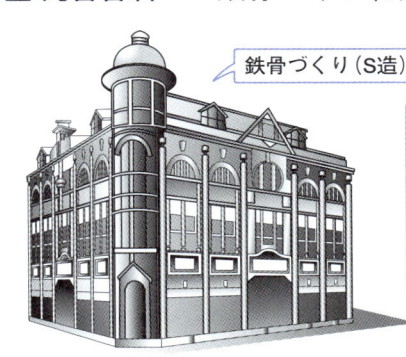

> 鉄骨づくり(S造)

明治42年(1909年)竣工。鉄骨づくり3階建てで、意匠よりも実用性や安全性を重視することが大事だと主張した佐野利器が設計をした。

### ■ 三越本店……鉄骨鉄筋コンクリートづくり(SRC造)の先駆け

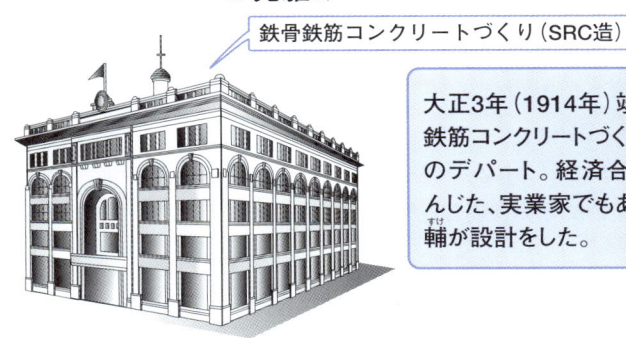

> 鉄骨鉄筋コンクリートづくり(SRC造)

大正3年(1914年)竣工。鉄骨鉄筋コンクリートづくり5階建てのデパート。経済合理性を重んじた、実業家でもある横河民輔が設計をした。

明治維新以降、耐震性にすぐれた鉄骨づくりや、経済合理性にもすぐれた鉄骨鉄筋コンクリートづくりなど、鉄骨・鉄筋を使用した建築が急速に普及した。

# 超高層ビルの時代

### ～どこまで伸びるか～

鉄骨、鉄筋コンクリート、鉄骨鉄筋コンクリートといった技術が一般に普及すると、より背の高い建物の建設が可能になった。

しかし、1923年（大正12年）に起こった関東大震災によって、高い建物の建設に「待った」がかかった。死者・行方不明者10万4000人、被害を受けた世帯69万戸というこの大惨事のあと、大地震に耐えられる建物として、高さが100尺（31m）に制限された。31mというと13階建てくらいしか建設できない。そのため、各階の高さを低くして延べ床面積（90ページ参照）を大きくする粗末なビルが目立つようになった。その後、耐震技術の研究が進み、1963年に31mの高さの制限が撤廃され、その代わり敷地の面積に対する建物の延べ床面積の割合である容積率（90ページ参照）が規制されることになった。1968年に完成した霞が関ビルは、地下3階、地上36階、高さ113mの、かつての高さ制限を大きく上回る超高層ビルとして有名になった。

現在は背の高いビルが次々と建っているが、いま日本で一番高いビルは、1993年に完成した横浜のランドマークタワーの70階建ての296mである。このくらいの高さになると、耐震だけでなく、強風に耐える耐風設計がとても重要になってくる。

ちなみに、世界でもっとも背の高い建物はどれだろうか。マレーシアのクアラルンプールにあるペトロナスタワーだ。高さはなんと452m。日本一のランドマークタワーは世界では26位になる。

これからは、500m、1000mといった超々高層ビルの建設が検討されている。はたしてこんな夢のような建物は可能なのだろうか。

# 超高層ビルへの移り変わり

## ■ 霞が関ビルディング

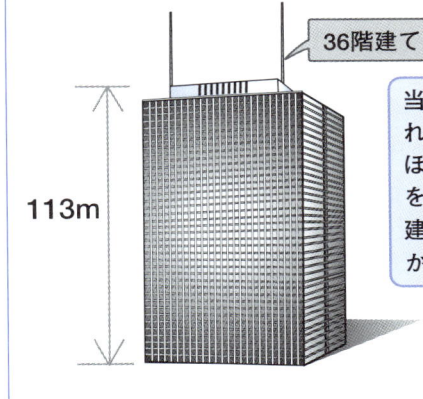

36階建て

113m

当初は9階建て、高さ31mで建設される予定だったが、超高層にしたほうが敷地内に占める建物の割合を小さくできるためゆとりができ、建物内部も明るくなるということから、36階建てとなった。

## ■ ランドマークタワー

70階建て

296m

レイト・モダニズムの建築家であるヒュー・スタビンスが設計。裾広がりの下層部と垂直な高層部の2つの部分に分けて構成し、耐震、耐風を考えた設計となっている。

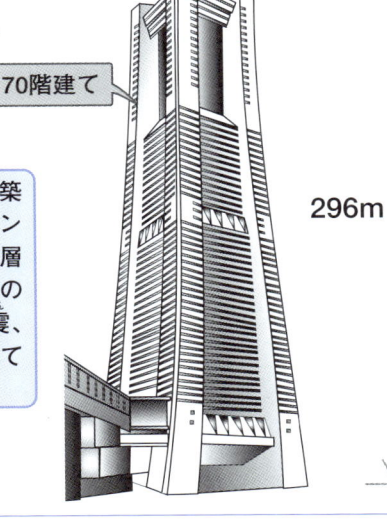

# 住居以外のいろいろな建築物

## ～ちょっと街を眺めてみると～

　さて、建築の歴史をざっと見てきたが、もうちょっと建築の基礎知識を紹介しておこう。本書では住宅を中心に進めていくが、その他にも建物にはいろいろな種類がある。通学・通勤中や、街に出かけたときに、何種類もの建築物が目に入るはずだ。それらの建物は、それぞれの特別な使用目的があるので、つくり方も形も違っている。

　たとえば、コンサートホールは、いい音を客席に届けることが重要。そのために騒音はあってはならない。そこで、壁を厚くし、隙間から騒音が入ってくるのを防ぐため出入口を二重にし、入口の手前に小さな部屋を設け、窓はなるべく設けず、といった工夫が大事になる。さらに、先に出た音が後から出てくる音の邪魔をしないように、吸音率の高い壁にするなど、いろいろ工夫している。

　また、ドーム形屋根の野球場、東京ドーム、通称ビッグエッグは、日本ではじめてつくられた大規模な室内加圧式のエアドームだ。天井の膜がうまく支えられているのは、外の気圧より内部の気圧を高くしているから。建築面積46755m$^2$、地上6階、地下2階、収容人数56000人という大きなドームで、雨、台風、地震などに耐え、温度・湿度を保ち、天井を支えているのは、じつは空気なのだ。

　われわれに身近な病院はどうだろうか。大きな病院では、入院患者、外来患者、救急車で運ばれてくる急患などがいて、それぞれの患者をケアする病院側の職員の仕事も多様だ。建物もそんなきわめて複雑な病院の機能に対応するものになっている。たとえば、床に段差がなかったり、人や物それぞれ専用の出入口があったりする。どの建築物もそれぞれ独自の設計が必要なのだ。

# 用途に応じた設計を

■コンサートホール

室容積、表面積、天井壁、観客数などが「響き」に大きく影響を与える。

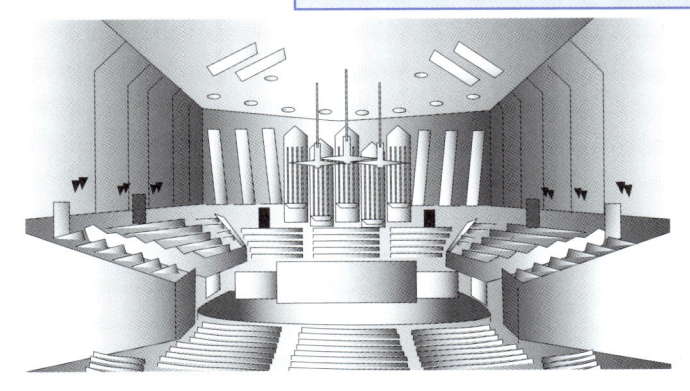

外から雑音が入ってこないように、ホールの入口の手前に小さな部屋を設け、吸音率の高い壁にするなどの工夫が必要

■ドーム形屋根の野球場
### 東京ドーム

日本で初の大規模加圧型ドーム。さまざまな技術を結集して建てられた建築物。

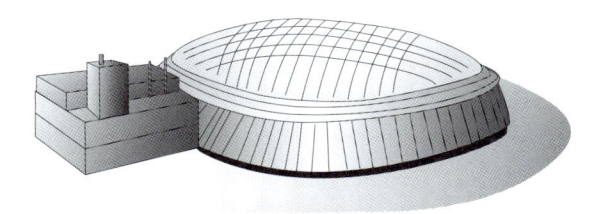

内部の気圧を外部の気圧より高くして天井の膜を支える

# 建築にかかわる人たち

### 〜施主・施工業者・設計事務所〜

　ここまでは建築の基礎知識を紹介してきたが、ここからは、建物の建設にどういった人が関係しているのかを紹介しよう。

　まず、建物を建てたいと思う人がいる。その人のことを「施主」、あるいは「建築主」という。施主はお金を出してプロに建築を依頼する。この施主に頼まれて建物を建てる人のことを「施工業者」といい、ハウスメーカーや建設会社などがそれにあたる。

　一般的に、一個人がふつうの大きさの住宅を建てる場合は、施主が直接、施工業者に依頼することが多い。これが、ちょっと大きめの住宅や凝った住宅、あるいはビルなどの大規模な建物になってくると、「設計事務所」がかかわってくる。

　設計事務所は、施主の依頼を受け、施主の意見を反映させて建物を設計する。その際、建物の設計図のほか、施工方法、つまり建設工事をどんな方法で行なうかということや、その建物だと標準的にどれくらいの資材や機材が必要で、どれくらいのお金が必要か（標準見積）といったことなどをまとめて書類にする。これを設計図書といい、これに基づいて、施工業者が工事を進めていくのである。

　また、工事が始まったら、設計事務所は、施工業者が設計図書に基づいてきちんと仕事をしているか、約束の時間までに完成するかどうか、品質は大丈夫か、といったことを監理する役目もある。

　つまり、施主が依頼し、施工業者が工事をするという直線を描く場合と、施主と施工業者の中に設計事務所が入って設計・監理をするという三角形を描く場合があるのだ。ただし、日本のゼネコンと呼ばれる総合工事業者は、設計と施工を一貫して行なうところも多い。

## 三者の関係は

### 施主(せしゅ)

建物を建てようとする人。

### 設計事務所

施主の依頼を受け、建物を設計する。さらに、設計図書(せっけいとしょ)をつくったり、工事の監理(かんり)をする。

### 施工業者(せこうぎょうしゃ)

建物の施工を行なう者。建築業法で28業種に分類されている。

# 設計の仕事は3つに分かれる

## ～意匠屋・構造屋・設備屋～

建築の仕事は、大きく設計と施工に分けられる。そして、設計の仕事は、さらに3つに分けられる。

まず、意匠屋さん。意匠とはデザインのことで、建物の外観、壁や床の色、照明器具、窓やドアの形などのデザインをし、建物全体のハーモニーを考える人である。一般に、施主の予算を聞き、それに応じてどのような建物ができるかを施主と話し合いながら決めていくのは、意匠屋さんが行なっている。

それから、構造屋さん。設計する際に、その建物をとりまく環境を考慮して、建物を建てても安全なことを確認しておかなくてはならない。さらに、施主がいくらお金を出せるかということも頭に入れつつ、建物の材料や構造などを考える。これが構造屋さんだ。たとえば、その建物を建てるとどれくらい風が当たり、どれだけたわむか、といったことを考えながら、建物の構造を決めていくのだ。

そして、設備屋さん。彼らは、建物の中の設備を受け持つ。たとえば、水道管は建物の中のどこを通して洗面所までもっていくか、どうやって排水させるか、照明の電気はどのように配線するかといったことなどを考える。水道や電気のほか、冷暖房設備や給湯、電話、エレベーター、防災上の設備など、建物に必要な設備すべてを設計する。構造屋さんが骨格の担当とすれば、設備屋さんは内臓の担当ということになる。

三者はまったく独立しているのではなく、お互いに打ち合わせをし、協力しながら1つの建物を設計していくのである。

## 設計の仕事

### 意匠（いしょう）

建物のデザイン

外観・壁・窓・床・天井（てんじょう）などの形や素材を決める

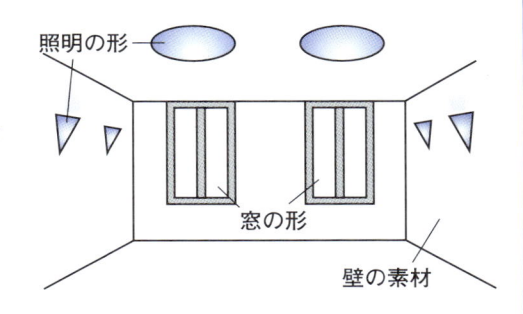

- 照明の形
- 窓の形
- 壁の素材

### 構造

建物の組み立て（構造）

基礎・骨組などの構造を決める

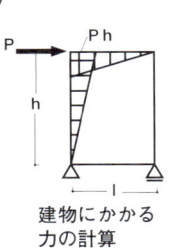

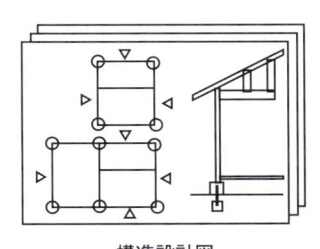

建物にかかる力の計算

構造設計図

### 設備

建物の設備

電気・空調・水道・防災器具などの設備を決める

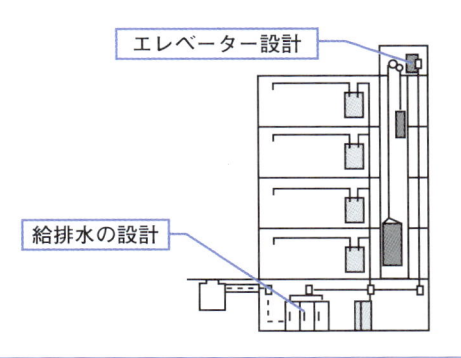

- エレベーター設計
- 給排水の設計

# 工事現場で働く人たち

### ～いくつもの専門工事～

　意匠屋、構造屋、設備屋という分類は、設計の上だけでなく、施工段階に入っても生きているが、この段階に入ると専門性が要求されるので、さらに細分化される。建築業法では、専門工事が28種類に分類されている。まず土木工事、建築工事があって、その中に、左官工事、とび・土木・コンクリート工事、屋根工事、電気工事、鉄筋工事、ガラス工事、防水工事、機械器具設置工事、建具工事、消防施設工事などがある。

　かつて、それぞれの工事は、専門の業者が行なっていた。施主や設計事務所から依頼を受けた施工業者が、さらに専門業者に依頼し、工事をしてもらうという形だった。ところが最近は、建物の工法の変化もあって、1人が何種類もの工事にたずさわる傾向がある。

　いずれの場合も、実際に工事を行なうのは施工業者の下請け業者の場合が多い。大規模な工事では、いくつもの下請け業者が現場に出入りする。そこで、工事全体をまとめ、監督する人が必要になる。それが、工事現場所長、あるいは監督と呼ばれる人で、それぞれの専門業者が段取りよく仕事ができるように、また、ほかの業者との連携がうまくとれるように配慮しなくてはならない。この役目は、施工業者の社員が務める。

　それから、30ページに説明したように、施工業者の監理をするため、設計事務所の人間も現場に出入りする。施主の代理人として、工事の品質と進み具合を見に来るわけだ。

　これで、どのような人たちが建設にかかわっているか、だいたい理解いただけただろうか。

# 28種の専門工事

建築業法でこのように分類されている。

1. 土木工事
2. 建築工事
3. 大工工事
4. 左官工事
5. とび・土木・コンクリート工事
6. 石工事
7. 屋根工事
8. 電気工事
9. 管工事
10. タイル・れんが・ブロック工事
11. 鋼構造物工事
12. 鉄筋工事
13. 舗装工事
14. 浚渫工事
15. 板金工事
16. ガラス工事
17. 塗装工事
18. 防水工事
19. 内装仕上げ工事
20. 機械器具設置工事
21. 熱絶縁工事
22. 電気通信工事
23. 造園工事
24. さく井工事
25. 建具工事
26. 水道施設工事
27. 消防施設工事
28. 清掃施設工事

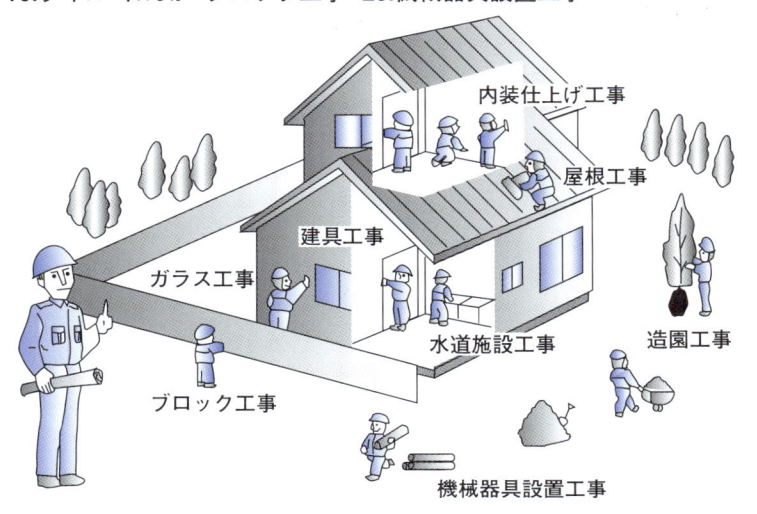

## 1つの建物をつくるのにいくつもの専門工事が必要

# 建物ができるまでの流れ

## ～調査・企画段階から引き渡しまで～

　では、1つの建物ができあがるまでの流れを、ざっと見てみよう。

　最初の段階は、調査・企画段階といい、施主が依頼した設計事務所か施工業者が、敷地条件や、建物の使用目的、建物の大きさ、予算などの施主の意向や希望をまとめる。そのうえで、建築物という形にするために必要な事前調査などを行なう。

　次は、設計して工事の計画を立てる計画・設計段階だ。設計事務所、あるいは施工業者が、前の調査・企画段階でまとめたことに技術的な要素を加えて、より具体的に検討する。そして、建物の規模や構造、材料、設備、工法などを考えて、設計図や仕様書、標準見積をまとめ、設計図書をつくる。

　設計図書を施主が了承すれば、設計事務所か施工業者が施主に代わって建築確認申請などの諸届けを行なう。それから、施工業者を決めるのだが、施主が直接施工業者に依頼した場合は当然そこが建設を行なう。この施工業者の選定には、競争入札という方法がよくとられる。これは、施主に指名された数社の施工業者が一斉に見積価格を出し、その中から選ぶ方式である。また、入札の形をとらず、施工業者が個々に見積を提出し、施主がいろいろな要素を考慮して選出する見積合わせという方式もある。官公庁が発注する建物は、原則として競争入札を行なわなければならないことになっている。

　施工業者を決めたら、仮設工事、基礎工事……、と施工に入る。施工についてはあとの章で説明しよう。建物が完成したら、工事完了検査をして、施主に引き渡される。これが一通りの流れである。

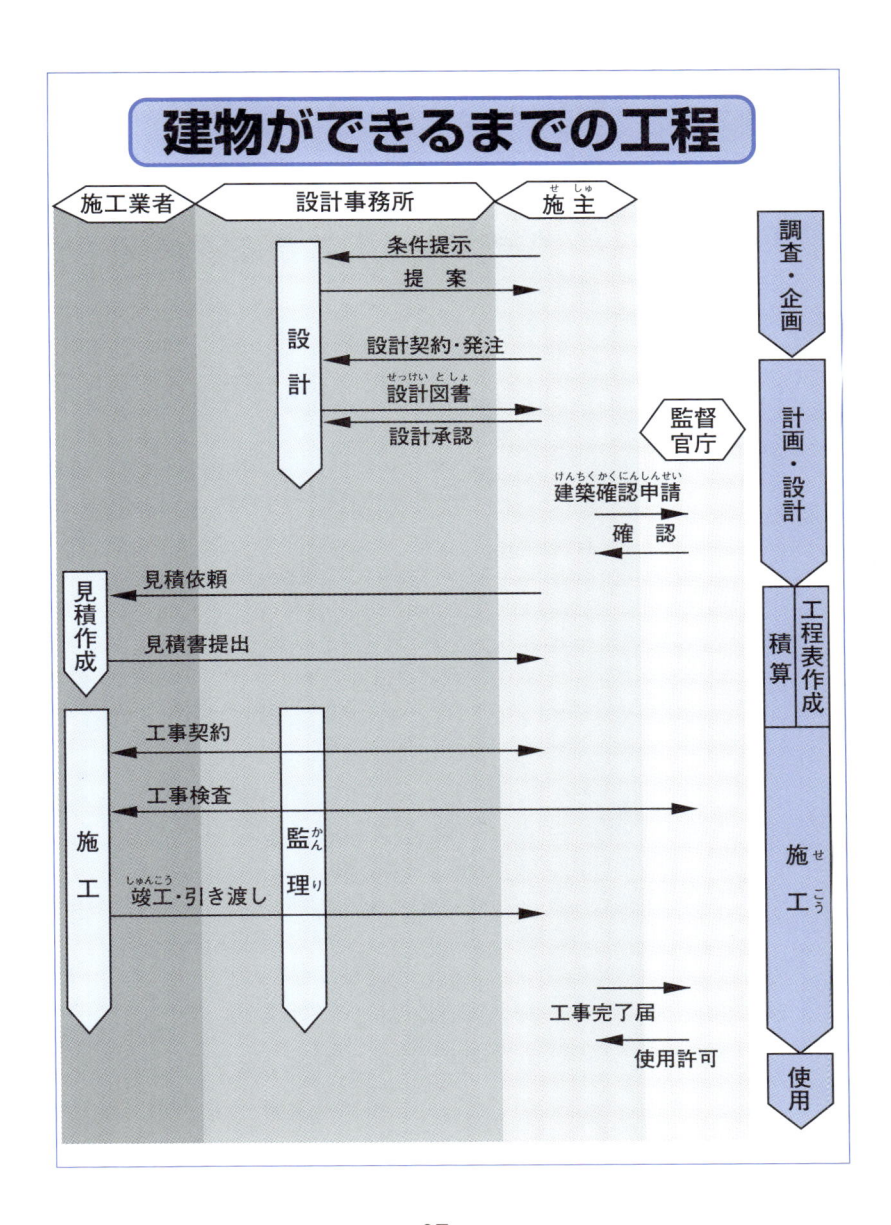

# 建物ができるまでの工程

| 施工業者 | 設計事務所 | 施主（せしゅ） | |
|---|---|---|---|
| | | 条件提示 ← | 調査・企画 |
| | 設計 | → 提案 | |
| | | ← 設計契約・発注 | 計画・設計 |
| | | → 設計図書（せっけいとしょ） | |
| | | ← 設計承認 | |
| | | | 監督官庁 |
| | | 建築確認申請（けんちくかくにんしんせい） → | |
| | | ← 確認 | |
| 見積作成 | ← 見積依頼 | | 工程表作成・積算 |
| | 見積書提出 → | | |
| 施工 | ← 工事契約 → | | 施工（せこう） |
| | ← 工事検査 → | | |
| | 監理（かんり） 竣工・引き渡し（しゅんこう） → | | |
| | | 工事完了届 → | |
| | | ← 使用許可 | 使用 |

37

## あなたの敷地は安全ですか？

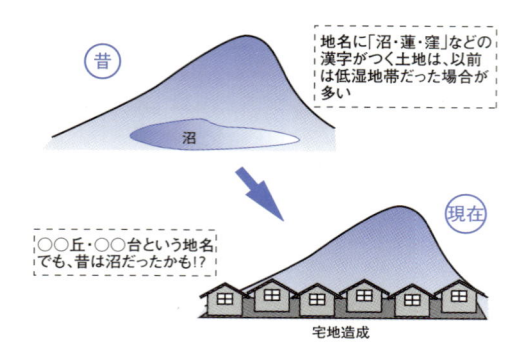

地名に「沼・蓮・窪」などの漢字がつく土地は、以前は低湿地帯だった場合が多い

○○丘・○○台という地名でも、昔は沼だったかも!?

　家を建てる前には、敷地が安全かどうかを調べることが大切だ。たとえば、地盤がゆるくないか。かつて沼や田んぼだった土地に山から運んできた土を盛り、宅地造成していることは多い。そういう地盤は不安定で、地震が来ると地面に割れ目の入る地割れ現象などの起こる可能性が高い。一方、雑木林や丘だった土地は安心だ。

　地名に、「沼・蓮・窪」などの漢字がつく土地は、以前は低湿地帯だった場合が多い。また、○○ケ丘、○○台という地名でも、○○沼だったのを、売れるように名前を変えたということもあるので、注意が必要だ。

　むかしの写真を探したり、むかしからその辺りに住んでいる人に話を聞くといいだろう。その土地がかつて低湿地帯だったら、どんな地盤改良をしたか確かめ、不十分な場合は杭を打つなどの対処が必要になる。

# Chapter 2

# 建物を構成する さまざまな材料

# 建物にはどんな力がかかるのか

## ～自然の力から守る～

　この章では、建物の材料について説明していこう。

　建物には、われわれを自然から守り、安全を確保する役目がある。そのために、建物は自然の力に負けない強さを持っていなくてはならない。ではいったい、建物にはどんな力が働くのだろうか。

　まず、地球が物体を引きつける力、重力の影響を受ける。屋根の重さは梁にかかり、柱へ伝わり、そして床に伝わり、それらが土台となる基礎にかかってくる。これらの、建物に対して上からかかる重さのことを荷重といい、建物自体の重さによる荷重を固定荷重という。また、その建物の中で暮らしている人、働いている人の体重、家具や電化製品、その他の荷物、それらすべての重さによる荷重を積載荷重という。

　北国の豪雪地帯に建てられた建物の場合は、雪の影響が深刻だ。屋根に積もった雪の重さで、家が押しつぶされてしまうことだってある。この雪による荷重を積雪荷重という。

　また日本は地震が多い。地面が縦、横にゆれ、建物が大きくゆさぶられる。1995年の阪神・淡路大震災では、約25万8000棟もの住宅が全半壊した。地震への対策は建物を建設するうえで重要な要素だ。

　それから、強風が吹きつけることによって、建物にゆれが生じる。この風による影響は、建物が高いほど大きくなる。

　さらに、気温の影響も受ける。建物の材料は、暑いときには膨張し、寒いときには収縮する。気温の変化によって材料が伸縮すると、建物にひずみが生じる。この気温の影響も考慮しなくてはならない。

# 建物にかかるいろいろな力

## ①固定荷重
床・壁・梁など建物自体の重さによる荷重

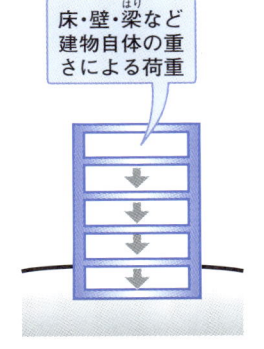

## ②積載荷重
建物の中にいる人や家具の重さによる荷重

## ③積雪荷重
雪の重さによる荷重

## ④地震力
地面がゆれることによってかかる力 

## ⑤風力
風が建物にぶつかるときにかかる力

## ⑥気温変化
気温変化による建築材料の伸縮でかかる力

夏

冬

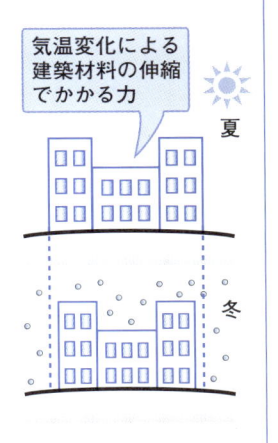

# 材料に働く いろいろな力

~引張・圧縮・曲げ・せん断~

次に、もう少し細かく、具体的に、建物の材料にどのような力が作用するのか考えてみよう。

あなたの部屋は、2階建て住宅の1階にあるとしよう。上の部屋では、妹がピアノを弾いている。このとき妹の部屋の床には、固定荷重である屋根、天井、壁などの重さと、積載荷重である妹、家具、本、ベッド、そして重たいピアノなどの重さがかかる。これらの重さによって、極端に表すと、床は右ページの図のような状態になる。

外から力がかかると、材料の内部ではその力に抵抗する力が働く。この力を応力という。床に荷重がかかると、下に曲がる。この現象は、床の内部で曲げという応力が働くために起こる。この力を力学では曲げモーメントという。

たとえば図のように、薄い板の両端を片手の指で支え、もう一方の手の指で上面をグッと押すと、板は下方向に大きく曲がる。この力が曲げモーメントだ。

このとき、板の中立線より下の部分は横に引っ張られ、上の部分は圧縮されている。床にもこれと同じ力が働く。これらの力を引張力、圧縮力という。

また、床の下には、床の重さを支える梁と小梁が水平に設置されている。上側からピアノのような大きな荷重がかかり、下側からピアノの荷重を少しズレた位置で支えようとする力が働くと、床には斜めに切断するような力が働く。この力を、せん断力という。

# 荷重によって部材に働く応力

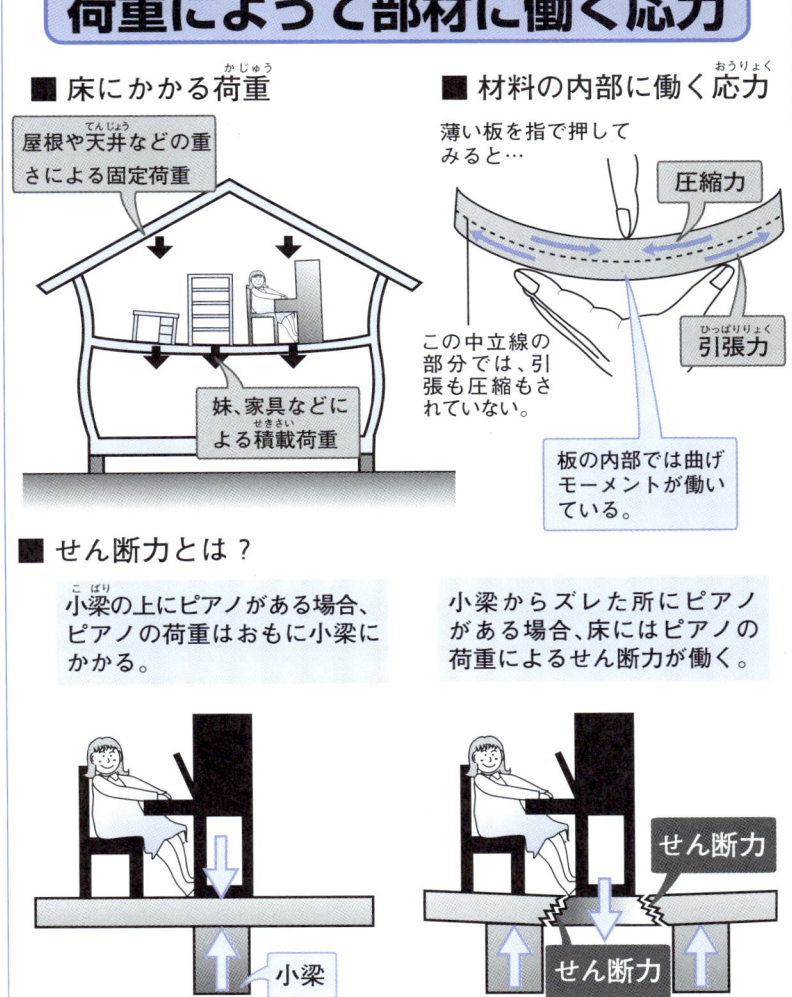

## ■ 床にかかる荷重

- 屋根や天井などの重さによる固定荷重
- 妹、家具などによる積載荷重

## ■ 材料の内部に働く応力

薄い板を指で押してみると…

- 圧縮力
- 引張力

この中立線の部分では、引張も圧縮もされていない。

板の内部では曲げモーメントが働いている。

## ■ せん断力とは？

小梁の上にピアノがある場合、ピアノの荷重はおもに小梁にかかる。

小梁からズレた所にピアノがある場合、床にはピアノの荷重によるせん断力が働く。

小梁

せん断力

# 外からかかる力に対抗する強さ

### ～必要な応力は～

　前項で例に挙げて説明した固定荷重や積載荷重は、上から下の方向に力がかかった。が、強い風が吹きつけた場合などは、水平方向に力がかかる。つまり、建物には四方八方から力が働き、曲げモーメント、引張力、圧縮力、せん断力といった応力は、建物の中のいろいろな個所でいろいろな方向に生じているのである。

　外からかかる力が大きすぎると、材料は応力の限界を超えて、壊れてしまう。だから材料には、荷重に負けない強さが必要なのだ。

　どんな材料でも、外からの力に抵抗する強さを持っている。たとえば1枚の紙切れにも、それなりの強さはある。図のように、紙の端と端を持って一所懸命引っ張っても、なかなか破れない。これは引張に対する力が強いから。だが、紙を両手の親指と人指し指でつまんで端から裂けば、簡単に破れる。これは、紙の表面と裏面とにかかる力の位置が異なるために生じるせん断力に負けるからだ。

　建物の材料にもそれぞれ得意分野があり、たとえば木材は圧縮や引張には強いが、せん断に弱く、コンクリートは圧縮には強いが、引張に弱いといった特徴がある。

　建物をつくるときには、外からどのような力がかかるかを考え、安全性を確かめて材料を選ぶことが必要になる。建設する地域の気候やどんな目的で建物を建てるのか、といったことも関係してくる。そして構造上の安全面のほか、火に強いか、水に強いか、熱を通すか、逃がすか、といった特徴も考慮しなくてはならない。

　では、次の項目から、代表的な建築材料について1つ1つ、特徴を見ていこう。

## 必要な応力による材料選びを

■ 水平方向にかかる力
・地震
・風

■ 鉛直方向にかかる力
・固定荷重
・積載荷重
・積雪荷重

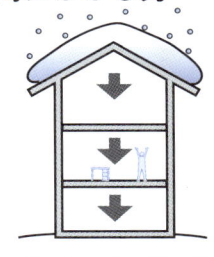

■ 紙の応力

○ 紙は引張には強い。

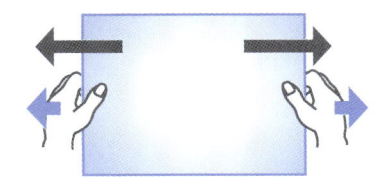

× 紙はせん断には弱い。

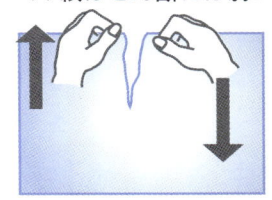

■ 材料による応力の違い

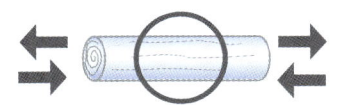

○ 木材は圧縮・引張には強い。

× 木材は曲げ（せん断）には弱い。

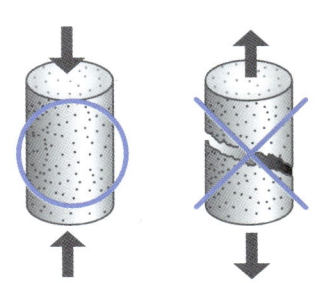

○ コンクリートは圧縮には強い。
× コンクリートは引張には弱い。

# 木はもっとも身近な建築材料

## ～木材の一般知識～

　原始時代から、人々のまわりには木が身近にあり、人々はそれらを使って、狩りをする道具や食器、そして自分たちの家をつくっていた。1章で紹介した竪穴式住居も高床式建物も木や草でできていた。

　古くから日本では、木はもっとも身近な建築材料だったのだ。現在でも、柱や床、梁、壁などの、建物の構造の中の主要な部分に木を使う木造建築は多いし、鉄筋コンクリートづくりの建物にも、棚や扉、天井などの内装には木がたくさん使われている。

　木にはいろいろな種類があるが、建築によく使われるのは、大きく針葉樹と広葉樹に分かれる。前者は、一般に新しい葉が出たあとに古い葉が落ちる常緑樹が多く、葉が針のようにとがっている松や杉、ヒノキなどがある。後者は、冬になると落葉する落葉樹が多く、葉は扁平で面積の広いもので、桐、トチ、ケヤキなどがある。

　葉だけでなく、幹の性質も違う。一般に針葉樹は木目が狭くて均一だがもろく、広葉樹は木目が広くなめらかで粘り強い。重量は広葉樹のほうが大きい。さらに、同じ針葉樹に属する木でも、強さや硬さ、重さなどの性質にはそれぞれ違いがあり、建築には、それぞれの特徴を考慮して使うのである。

　木を材料として加工するステップを説明しよう。まず森林に生えている木を伐採し、運搬しやすい長さに切る。この状態の木を原木という。それを製材所に送り、よく乾燥させる。そのあとは、木取りといって、1本の原木から板や角材の形に分割し、決められた寸法にする。これを工場で加工し、建築現場で使用するのだ。

# 用途に応じて加工する

## ■ いろいろな用途に使われている

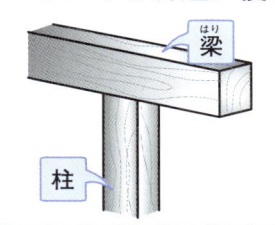

梁（はり）
柱
扉
棚

① 木造住宅の構造部である柱や梁として

② 木造建築以外でも、扉や棚など内装材（ないそう）として

## ■ 針葉樹（しんようじゅ）と広葉樹（こうようじゅ）の違い

葉は針のようにとがっており、幹はまっすぐに伸びるものが多い。

葉は扁平（へんぺい）で面積が広く、幹は曲がって成長するものが多い。

針葉樹……杉やヒノキ・赤松など

広葉樹……桐やトチ・ケヤキなど

## ■ 木材の加工のステップ

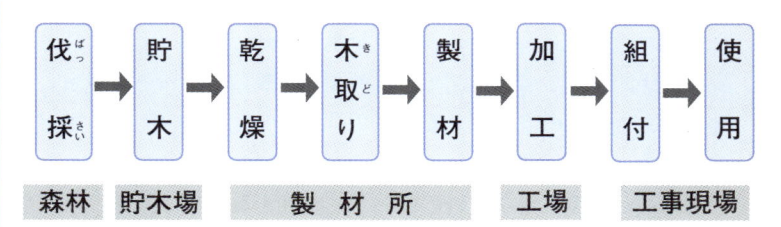

伐採（ばっさい） → 貯木 → 乾燥 → 木取り（きどり） → 製材 → 加工 → 組付 → 使用

森林　貯木場　　製　材　所　　工場　　工事現場

# 木は十分に乾燥させることが大切

~湿度との関係~

　木には人間と同じように細胞があり、細胞にはたくさんの水が含まれている。木の重さに対する水の割合を含水率といい、伐採される前は、夏の木で50%、冬の木で40%程度ある。伐採されたあとは水分が徐々に蒸発していき、最終的に10~15%くらいに落ちつく。

　木は、水分が減って乾燥するにつれて縮み、収縮するほど強度が大きくなり、品質もよくなる。十分に乾燥しきっていない木を使うと、家ができあがってから収縮したり、強度が十分でなく、反ったり割れたりする。さらに腐ったり、虫に食われることもある。

　乾燥の方法には天然乾燥と人工乾燥とがある。天然乾燥は自然に乾燥させるので、6カ月くらい要するが、設備や電気代などはかからないため主流である。人工乾燥は、ボイラーの蒸気や除湿機を利用する方法などが一般的だが、近年では、空気を遮断した炉の中で温度を上げて水分を取り除く乾溜炉を利用したすぐれた方法も出てきた。

　こうして乾燥させるといったん収縮するが、湿度が高くなれば再び水分を吸収してふくらむ。そのため、建物の材料に使えば、夏の湿度が高い日はほどよく水分を吸う作用が、逆に冬の乾燥した日には水分を吐き出す作用がある。東大寺正倉院は、木を横に積んで壁にした校倉づくりの建物だ。湿気が多くなれば、木が水を吸ってふくらみ隙間をふさぎ、密閉する。乾燥した季節には水分を放出して隙間があき、外の空気が入る。天平時代の宝物が現在も残っているのは、木の湿度調節機能が役立っているからという話もある。

　しかし、湿度による収縮のせいで、割れたり、反ったり、ゆがんだりすることもある。この機能は長所とも短所ともいえるのだ。

# 木材と湿度

## ■乾燥による細胞の変化

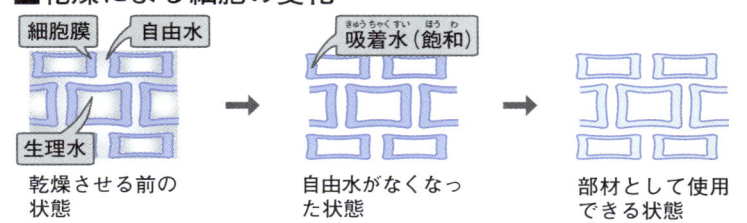

細胞膜 / 自由水 / 生理水
乾燥させる前の状態

吸着水（飽和）
自由水がなくなった状態

部材として使用できる状態

自由水……繊維細胞間の隙間にある水分
吸着水……繊維細胞膜内に含まれる水分
生理水……繊維細胞内に含まれる水分

## ■ 木材の含水率と強度の関係

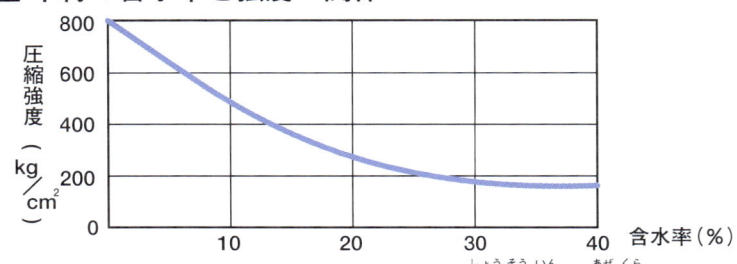

圧縮強度 (kg/cm²) 対 含水率(%)

## ■ 木材の伸縮を利用したつくり……正倉院の校倉づくり

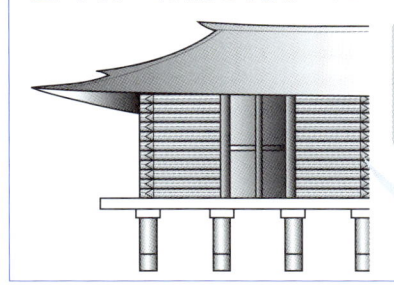

湿度が高いと水分を吸収してふくらみ、乾燥期には水分を吐き出して縮む木の習性を生かしてつくられた校倉づくり

三角形の断面の木材を積み上げて壁を構成。

# 木材の強度を考える

建物を構成するさまざまな材料

### ～木の強度と燃焼性～

　腐ったり、白アリが発生したり、割れることがあるためか、木は弱い材料というイメージを抱いている人がいるかもしれない。しかし、かならずしもそうとはいえない。繊維の方向、つまり木が成長していく縦の方向の強度は、圧縮力、引張力ともに大きい。

　たとえば、木材1cm²あたり、どのくらいの圧縮力に耐えることができるのかというと、種類にもよるが、だいたい300～400kg。コンクリートは200～300kg、鋼鉄は3500kg程度の力に耐えられる。これは同じ面積当たりでくらべたものだが、同じ重さで比較した場合は、木は鋼鉄よりも強く、弱い材料ではないのだ。そのため、木材という軽い材料で強い建物ができるのだ。

　日本ではむかしから使われているだけあって、風土に合ったすぐれた材料なのだが、燃えることが大きな欠点だといえるだろう。木は熱されるとまずガスが出て、これに火が着いて燃え始める。その温度はだいたい260～270℃だから、このくらいの温度になると、火災の発生する可能性が高いということになる。

　ただし、ある程度以上の厚さになると、表面が焼けても、そこが炭になって防火の役割をし、内部に熱が伝わるのを遅らせる。だから、大きな火災によって木造の家が焼け焦げてしまっても、柱や梁などの厚みのある木材だけが焼け残っていることがよくあるのだ。

　また、木は火を出して燃えるが、熱は通しにくい。その断熱性は、コンクリートや鉄などの材料とくらべても、格段に上回っている。さらに、熱のせいでやわらかくなったり溶けたりすることがないので、そういう意味では、一概に火災に弱い材料ともいえないのだ。

# 木材は弱い材料ではない

## ■繊維の方向と強度

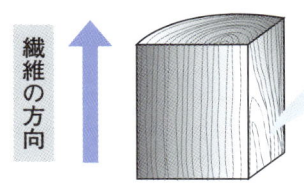

繊維の方向 →

木が成長していく方向(繊維方向)の強度は、圧縮・引張ともに大きい。

## ■圧縮・引張に強い木材

| 材　料 | | 木材(杉) | コンクリート | 鋼鉄 |
|---|---|---|---|---|
| 比　重 (g/cm$^3$) | | 0.35 | 2.2 | 7.8 |
| 引張 | 強　度 (kg/cm$^2$) | 900 | 20 | 4,000 |
| | 比強度 | 2,600 | 9.1 | 510 |
| 圧縮 | 強　度 (kg/cm$^2$) | 350 | 300 | 3,500 |
| | 比強度 | 1,000 | 140 | 450 |
| 曲げ | 強　度 (kg/cm$^2$) | 650 | 20 | 4,000 |
| | 比強度 | 1,900 | 9.1 | 510 |

(比強度は強度を比重で割ったもの)

## ■意外と火に強い木材

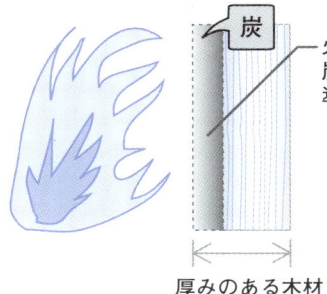

炭

火によって表面が炭になり、熱の伝導を遅らせる。

厚みのある木材

●木の熱に対する特徴
1) 耐熱性にすぐれている
2) 熱によって変形しにくい
3) 着火する温度が低い

# 木の弱点を補った合板

## ～有害物質に注意～

　木材には水分を吸収・発散する働きがある。そのため、湿度の高低によって収縮をくり返し、その結果、木材がゆがんだり、反ったりすることがある。また、強度についていうと、繊維方向にかかる力への抵抗力は大きいが、繊維に直交する方向からの力には弱い。こういった木の弱点をうまく補っているのが、合板である。

　合板をつくる過程を説明しよう。まず、大根をかつらむきにするように、丸太をくるくるとむいて数ミリ程度の薄い板をつくる。これを単板、あるいはベニヤという。これを乾かして適当な大きさに切って、繊維の向きを交互にして接着剤で張り合わせていく。これに高圧をかけて乾燥させたものが合板だ。ベニヤ板ともいう。

　繊維の向きが1枚1枚直交し、さらに圧縮されて接着しているので、湿度の変化が起こっても、個々の繊維それぞれの伸縮する動きが平均化される。さらに、繊維方向と繊維に直交する方向の両方に強い、すぐれた材料なのである。

　壁や床などの、建物の内部の部材によく使われており、たとえばフローリングの床は合板の上に色や模様の美しい高価な木（銘木という）が張られている。さらに、ドアや扉、家具の芯にするなど、幅広い用途に使われている。

　気をつけたいのは接着剤。主成分にホルムアルデヒドという、人体に有害とされる化学物質を含むものが使われてきた。これが部屋の空気中に広がると、目や喉が痛くなったり、皮膚の炎症を起こす場合がある。JIS（日本工業規格）などの規格で放散量の規定が設けられ、最近は代替品を使う傾向になっている。

# 板を積み重ねてつくる合板

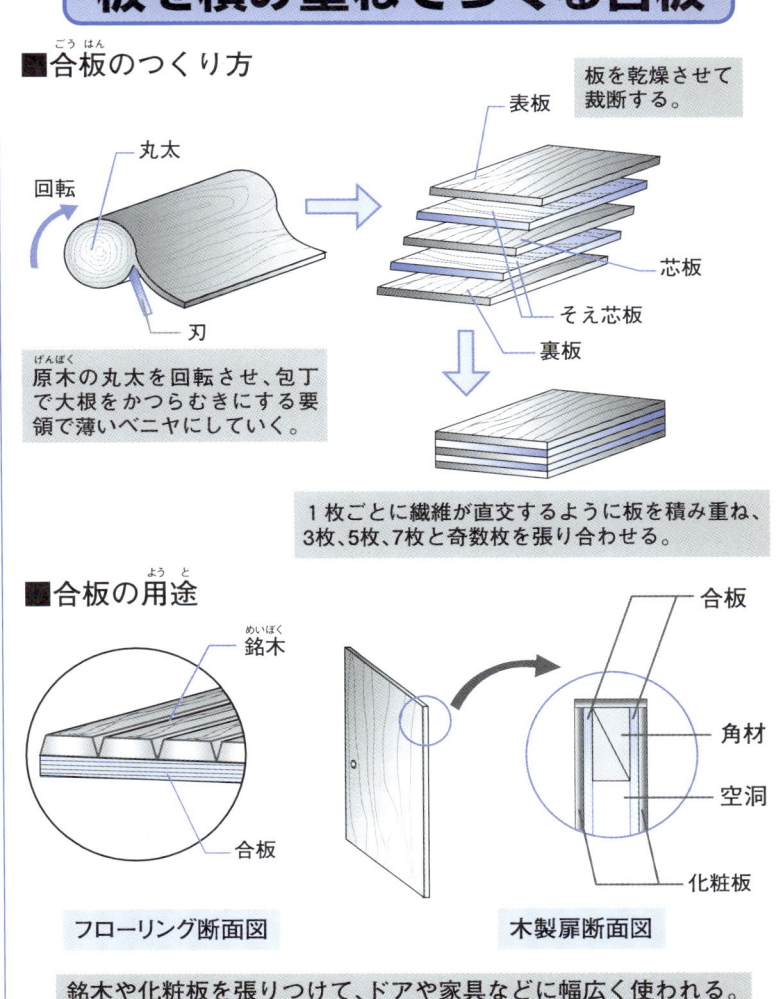

## ■合板のつくり方

板を乾燥させて裁断する。

- 丸太
- 回転
- 刃
- 表板
- 芯板
- そえ芯板
- 裏板

原木（げんぼく）の丸太を回転させ、包丁で大根をかつらむきにする要領で薄いベニヤにしていく。

1枚ごとに繊維が直交するように板を積み重ね、3枚、5枚、7枚と奇数枚を張り合わせる。

## ■合板の用途

- 銘木（めいぼく）
- 合板
- 合板
- 角材
- 空洞
- 化粧板

フローリング断面図　　木製扉断面図

銘木や化粧板を張りつけて、ドアや家具などに幅広く使われる。

# 海外では身近な石材

## ～日本では装飾に活躍～

　では、次に石について見てみよう。エジプトのピラミッドにせよ、ローマのコロッセオにせよ、海外の遺跡には石を積み上げてつくられた建造物がたくさん残っている。一方、地震の多い日本では、こういった崩れやすい形式の建造物はあまり残っていない。

　木と同じく石は天然の素材で、さまざまな種類があり、それぞれ性質が異なる。まず思いつくのは、大理石だろうか。白色、あるいは流れ模様が美しく豪華。床や室内の装飾、洗面台などに使われている。花崗岩は御影石とも呼ばれており、わりと馴染みのある石だ。床や壁、柱などの装飾に使われている。そのほか、安山岩、砂岩、蛇紋岩などたくさんの石があり、それぞれの長所を生かした用途に活躍している。

　石は固くて強いイメージがあると思う。花崗岩を例にとると、たしかに圧縮に耐える強さは$1cm^2$あたり1500kg程度と大きい。たくさん積み上げて高い建物をつくる場合の垂直荷重によく耐える。しかし、良質の石が少なくなった現在では梁の材料に使えるものは少ない。また、木のように燃えはしないが、熱せられると全体の強度が小さくなる。花崗岩は、常温で$1500kg/cm^2$の圧縮に耐える強さがあり、300℃までは温度とともに強度も上昇するが、それを超えると一気に強度は低下し、900℃になると$400kg/cm^2$まで落ちる。

　石は、山にダイナマイトをしかけて爆破したり、電動ノコギリなどで切って運び出し、用途によって表面をきれいに加工する。手間と費用がかかるのだが、磨くと光沢が出て、見た目に豪華な雰囲気を与えるものが多いため、壁や床などの装飾に欠かせない。

# 仕上げ材として活躍する石材

## ■海外では石造の遺跡が多く見られる

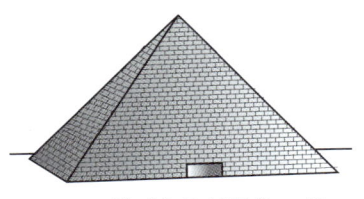

エジプトのピラミッド　　　　ローマのコロッセオ

## ■石材の圧縮強さと温度の関係

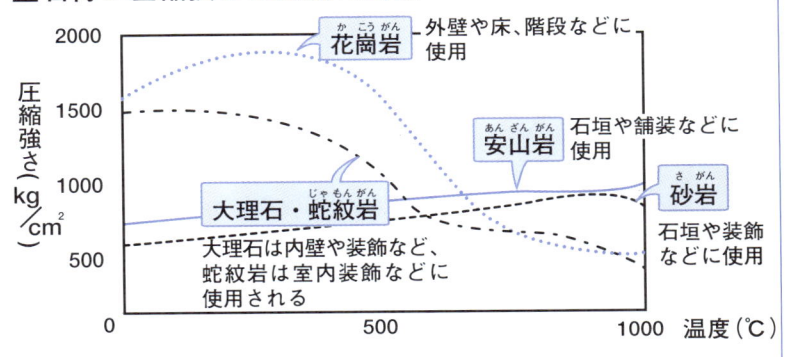

圧縮強さ（kg/cm²）

- 花崗岩（かこうがん）：外壁や床、階段などに使用
- 安山岩（あんざんがん）：石垣や舗装などに使用
- 大理石・蛇紋岩（じゃもんがん）：大理石は内壁や装飾など、蛇紋岩は室内装飾などに使用される
- 砂岩（さがん）：石垣や装飾などに使用

縦軸：500, 1000, 1500, 2000
横軸：0, 500, 1000　温度（℃）

## ■花崗岩の磨きの種類

**粗磨き（そみがき）（目の粗さ 大）**
原石に手を加え、表面を平滑にした状態から、カーボランダムと呼ばれる炭素の結晶で磨いたもの。敷石などに使用。

＞

**水磨き（目の粗さ 中）**
粗磨きのあと、さらに細かいカーボランダムで仕上げたもの。床材に使用。

＞

**本磨き（目の粗さ 細）**
水磨きのあと、微粒のカーボランダムで仕上げたもの。磨きの中でもっとも上等な仕上げ。壁材に使用。

同じ花崗岩でも磨き方によって、使われる用途（ようと）が違う。

# れんがはもっとも古い人工の材料

### ～用途に対応した豊富な種類～

　赤茶色のれんがが、温かく風情がある。日本では19世紀の中ごろにはじめて使われたが、メソポタミア地方では紀元前から日干しれんがを使っていたという。石ほどではないが、れんがは圧縮強度が高いので、数を積み上げて大きな建物にすることができる。れんがとれんがの間はモルタル（58ページ参照）でくっつける。

　石と同じく、れんがは積み上げて使うので崩れやすく、地震の多い日本には不向きなのだが、20世紀のはじめ、文明開化の時流に乗ってれんがづくりの建物が増えた。その美しいれんがづくりも、1923年の関東大震災によってほとんど崩壊してしまった。そして、それ以降、建物を支える主要な材料として、れんがは使われなくなった。

　れんがは、粘土を水で練ったあとで形を整え（形成）、乾かして焼く（焼成）。もっとも一般的なのは、10cm×21cmの長方形×厚さ6cmだが、用途に応じて、細いものや、短いもの、薄いもの、角がとれているものなどもつくられている。

　れんがの長所として、火にも熱にも強いことがあげられる。そのため、溶鉱炉や煙突などによく使われている。ただし、炉の内側に使われるものは、ふつうのれんがよりさらに火に強い、耐火れんがという1500℃くらいまで耐えられるものだ。

　また、中が空洞になっている空洞れんがというのもある。れんがは地震に弱いのだが、積み上げるとき、空洞に鉄筋を入れてモルタルを詰めると、地震に耐えることが可能となる。

　また、装飾用、あるいは壁を保護する目的などで、タイルのように張って使われることも多い。

## 火や熱に強いれんが

■れんがの積み上げ方

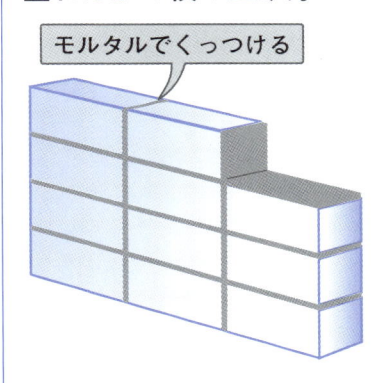

モルタルでくっつける

◆れんがの長所
・耐火性にすぐれている。
・色合いが美しく、仕上げ材に向いている。
・圧縮強度が大きい。

◆れんがの短所
・れんがづくりは地震に弱い。
・れんが自体が重く、下の階にかかる荷重が大きくなるため、高層建築には不向き。

■れんがの種類

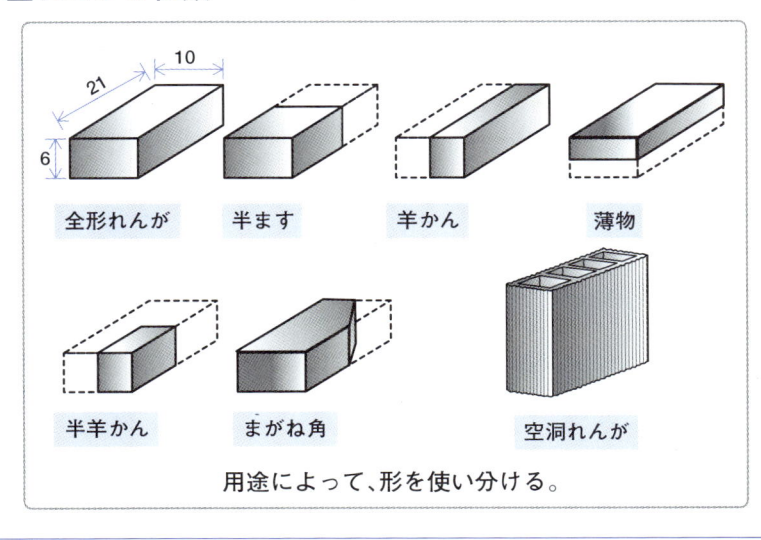

全形れんが（21 × 10 × 6）　半ます　羊かん　薄物

半羊かん　まがね角　空洞れんが

用途によって、形を使い分ける。

# コンクリートは何でできているか

## ～化学反応によって固まる～

現在では、ビルだけでなく一般の住宅にもコンクリートが使われている。

「コンクリートとセメントはどう違うの？」と考え込む人もいることと思う。一般の人の頭の中では、この両者は混同されているようだ。セメントは、工事現場で見かける大きな袋に入っている粉。その正体は、石灰石や粘土などを焼いたものを砕いてつくったものだ。

このセメントに水、砂を混ぜると、モルタルというものができる。このモルタルに、さらに砂利を加えたものが、コンクリートである。また、コンクリートの性能をよくしたり、材料同士を混ざりやすくする混和材と呼ばれるものを少量加える場合もある。つまり、セメントはコンクリートの材料の1つなのだ。

セメントと水を合わせると化学反応を起こし、両者は固まる。これを水和反応といい、このセメントの性質を利用して、材料を練り、混ぜて、型の中に流し込み、固まらせてコンクリートをつくるのだ。

コンクリートは、引張には弱いが、圧縮には強い材料である。たとえば、低品位のコンクリートでも、$1cm^2$でだいたい100kgの重さに耐えられる。このコンクリートの固まりの上に人間が1人乗ってもつぶれない。$5cm^2$になると、自動車1台くらいではつぶれないほどの強さを備えているのだ。ただし、引張に耐える力は、この圧縮に耐える力の約10分の1くらいしかない。

# コンクリートの特徴

## ■コンクリートは何でできているか

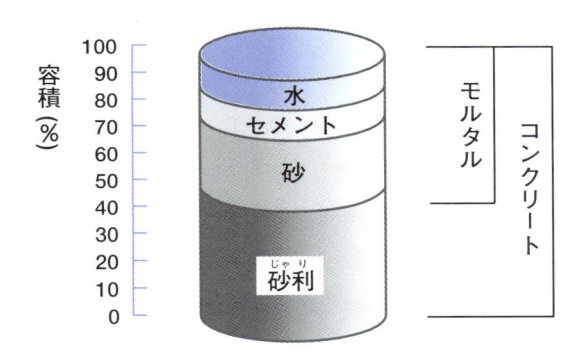

容積(%)

水
セメント
砂
砂利(じゃり)

モルタル
コンクリート

## ■圧縮に強いコンクリート

人間が1cm²のコンクリートに乗ると…

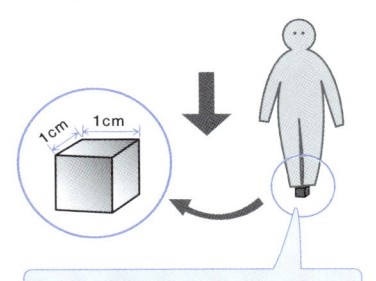

圧縮に強いので、つぶれない。1cm²でだいたい100kgの重さまで耐えられる。

薄いコンクリートの板を引っ張ると…

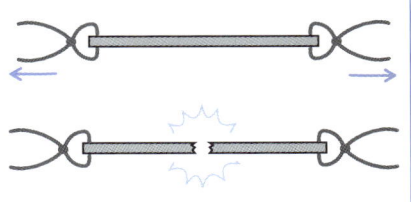

コンクリートは引張(ひっぱり)に弱く、両側から引っ張られるとちぎれてしまう。

# 調合で品質が決まるコンクリート

## 〜水の比率が性質を左右する〜

　品質のよいコンクリートをつくるには、材料調合比や均一に練ること、温度の管理と水の量が大切である。とくに水の量は、コンクリートの強度や耐久性などの品質に大きくかかわるので、コンクリートをつくるうえでもっとも重要なポイントといえる。

　水とセメントの質量の割合を水セメント比といい、W/C（Water-Cement ratio）で表す。たとえば、水が180kgでセメントが300kgの場合、180÷300＝0.6で、水セメント比は60％となる。一般に、W/Cが小さいほど固くて強いコンクリートになる。

　ただし、水の量が少ないと水和反応がうまくいかず、型に流し込みにくくなる。だが、流し込みやすいからとあまりたくさんの水を混ぜると、コンクリートの強度が落ちる。一番いいのは、流し込みやすい範囲内で、なるべく水を少なくするということになる。

　コンクリートの固さを調べるには、スランプテストを用いる。右図のようなスランプコーンという入れ物の上からコンクリートをつめ込み、スランプコーンを上へ引き上げる。このときスランプコーンの高さとコンクリートの山の高さの差（cm）をスランプ値といい、水が多く、やわらかいほどスランプ値は大きくなる。建築物の壁や梁、柱などに使うコンクリートの場合は、スランプ値20〜22cmくらいが一般的。一方、ダムや橋などの土木建造物に使う場合は12〜16cmくらいだ。というのも、建築の場合は、狭い所にコンクリートを流し込んだり、そのあいだに鉄筋が入ったりするので、流し込みやすいコンクリートでなければならないからである。

## 水の量がポイント

■水セメント比がコンクリートの強度のポイント！

$$\text{水セメント比 W/C (\%)} = \frac{\text{Water}}{\text{Cement}} = \frac{\text{水 (kg)}}{\text{セメント (kg)}} \times 100 \text{ (\%)}$$

一般の水セメント比の範囲

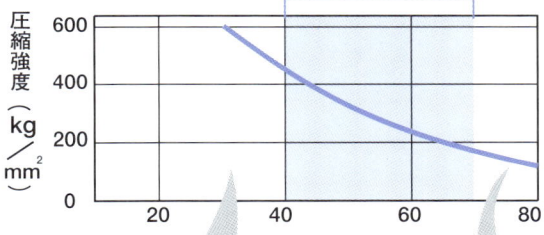

圧縮強度 (kg/mm²) 対 水セメント比 (％)

水セメント比が小さいと、強度は大きいが、流し込みにくい。

水セメント比が大きいと、流し込みやすいが、強度が落ちる。

■スランプテストでコンクリートのやわらかさを調べる

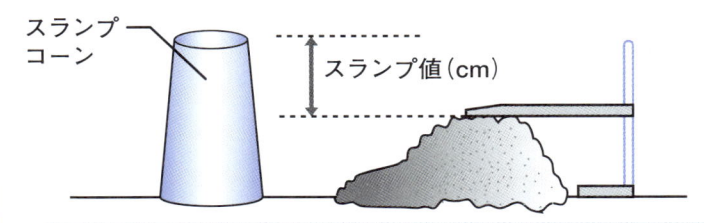

スランプコーン
スランプ値(cm)

スランプコーンにコンクリートをつめてから、スランプコーンを真上に抜き取ったときに、コンクリートがどれぐらい下がったかをcmで表した数値を、スランプ値という。

# コンクリートの品質を安定させる

### ～工場でつくるコンクリート～

　建物の完成直後は、コンクリートに水分がたくさん含まれている。それは、コンクリート工事を行ないやすいように、コンクリートが固まるために必要な水量の2～4倍の水を混ぜるからだ。この余分な水分は、5年くらいかけて減り続ける。つまり、この間水分が蒸発し続けているため、コンクリートに囲まれた部屋は、耐火性、耐熱性にすぐれていることになる。しかし、水分がなかなか抜けてゆかず、湿度が高いという点は否めない。

　このコンクリート、いったいどうやってつくっているのだろうか。以前は、工事現場で材料を混ぜ合わせてつくっていたのだが、最近では、製造工場でコンクリートをつくってから、固まらないうちにトラックミキサーと呼ばれる車で現場へ運ぶことが多くなってきた。コンクリートは微妙な調合によって性質が決まってしまうので、現場で作業するよりも、専門の工場で製造したほうが、品質が安定する。ただし、道が渋滞して現場に着くまでに時間がかかりすぎると、途中でコンクリートが固まってしまうこともありうる。そういうことを考慮して、工場では水以外の材料だけを混ぜておいて（空練りという）、現場で使う直前に水を加えるという手もある。

　調合がむずかしいし、運搬の時間制限などもあるが、コンクリートにはさまざまなメリットがある。セメントや砂に砂利、水といった、日本でたくさん産出される安い原料でつくることができる。それに、天然材料のように、もともとあるものを必要な形に加工するのではなく、使う人が原料の調合を決めて好きな形に加工することができるという、使い勝手のよさがある。

# 工場で調合されるコンクリート

コンクリートをつくるとき混ぜた水のうち、必要な分は水和反応に使われ、余分な水は数年かけて徐々に抜けていく。

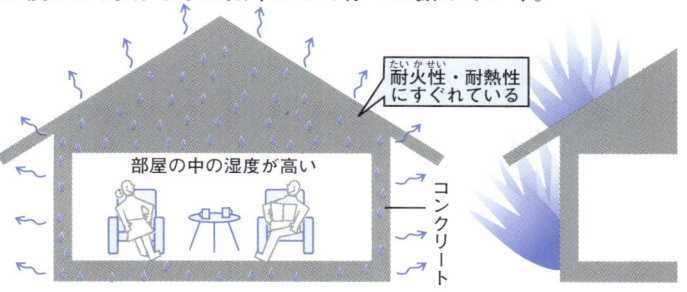

耐火性・耐熱性にすぐれている

部屋の中の湿度が高い

コンクリート

■現場で材料を混ぜ合わせる　**品質が不安定**

セメント
砂利
砂
水

■工場で混ぜ合わせる　**品質が安定する**

コンクリート製造工場

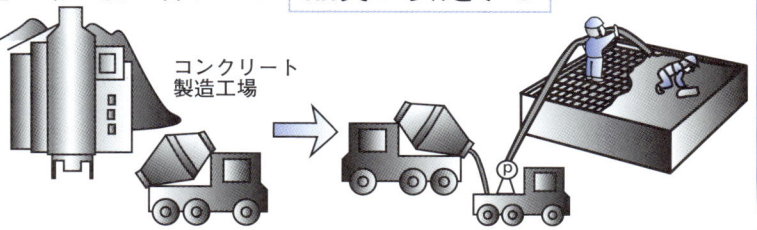

最近では工場で調合したものを現場へ運ぶ方法が多くなってきた。

# コンクリートの弱点を補う

### ～鉄筋コンクリート～

　コンクリートは圧縮には強いが、引張には弱く、引張力は圧縮強度の1/10程度の強さしかない。また、靭性が低い。靭性とは、粘り強さのこと。たとえば、右図のような台の上に木の板を乗せ、その上に重いものを置くと木はたわむ。それが限度を超えると板は折れてしまうのだが、限度までは形を変えながらも壊れない。これがコンクリートの場合、重いものを乗せてもたわまずに、ある重さを超えるといきなり壊れる。この場合、木よりコンクリートの方が靭性が低いといえる。引張に弱く、靭性がない。これでは、コンクリートを建物の主要な材料に使うのは危ない。ということで考えられたのが、鉄筋コンクリートである。

　鉄筋は、鉄に少量の炭素を混ぜた鋼鉄の固まりを棒状に伸ばしたもの。この鉄筋をコンクリートの中に入れて、鉄筋とコンクリートを1つの材料として加工したものが鉄筋コンクリートだ。近年、鉄筋コンクリートに用いる鉄筋は、表面が型押しによってデコボコに成型され、摩擦力によってコンクリートとのズレを防いでいる異形棒鋼がほとんどである。こうすることによって、コンクリートの引張に対する弱さと靭性の低さを鉄筋がうまいぐあいに補っているのだ。鉄筋コンクリートは英語でReinforced Concrete（直訳すると、補強されたコンクリート。略してRC）という。

　右図下のようなコンクリートの梁の真ん中に、重いものを乗せる。すると、引張に弱いコンクリートの下面にはひびが入り、へたをすると壊れてしまう。そこで、下面近くに鉄筋を入れると、引張に強い鉄筋が梁にかかる引張力の大部分を負担してくれるのだ。

# 引張に弱いという弱点を補う

## ■部材の粘り強さ

**靱性（じんせい）** 部材が持つ粘り強さのこと

木の場合

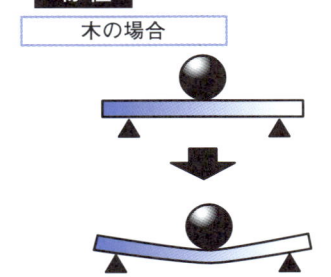

コンクリートの場合

たわむがすぐには壊れない＝靱性が高い

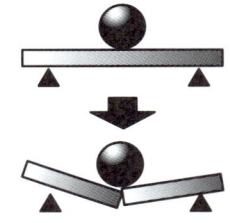

変形する前に壊れる＝靱性が低い

コンクリートの靱性の低さを補うために考えられたのが鉄筋コンクリート

## ■鉄筋コンクリート

コンクリートの中に鉄筋を入れて、両者の長所を出させるように加工したもの

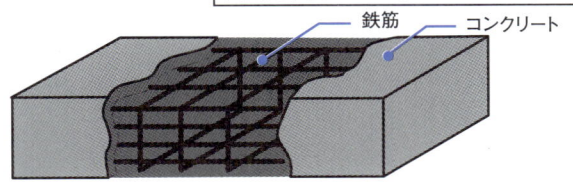

鉄筋 ／ コンクリート

コンクリート

鉄筋コンクリート

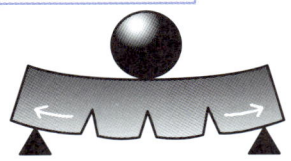

引張（ひっぱり）に弱いコンクリートの下面にはひびが入り、やがて壊れる

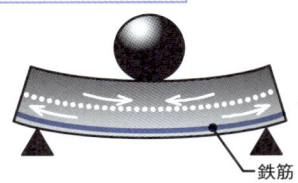

鉄筋がコンクリートの弱さを補う

# コンクリートと鉄筋は相性がいい

## ～なぜ鉄筋でなくてはいけないのか～

引張に強いものなら鉄筋でなくても、木や竹だっていい。むしろそちらのほうが安上がりではないかと思う人もいることだろう。ところが、コンクリートと鉄筋を組み合わせるのには理由があるのだ。

1章でちょっと触れたが、温度が上がると材料は膨張する（40ページ参照）。このときの物質の体積の増加率を膨張率という。材料は、夏、気温が上がると膨張し、冬、気温が下がると収縮し、をくり返す。このとき、もし膨張率の異なる材料がコンクリートの中に入っていたら、コンクリートと中の材料が次第にズレてしまう。しかし、コンクリートと鉄の膨張率はとても近いので、このズレが生じにくいのだ。

また、鉄筋は水に濡れたまま放っておくとサビる。このサビの正体は、酸化鉄である。酸化鉄は、鉄が酸素と結合して起こる化学反応（酸化という）によってできる。

鉄は酸性の物質に触れると酸化してサビが生じてしまうが、アルカリ性の物質の中に入っていれば、サビる心配はない。都合のよいことに、コンクリートはアルカリ性の物質である。つまり、コンクリートの中に入っている鉄筋はサビないのだ。

ただし、コンクリートが長い年月、雨にさらされると、表面から徐々にアルカリ性が低くなる中性化という現象が起こる。中性化が進むと鉄筋がサビやすくなり、コンクリートが傷み始め、そのうちに寿命が来て取り替えなくてはならなくなる。この中性化の進み具合にもW/Cが関係しており、W/Cの小さいほうが中性化は遅い。

# 鉄筋とコンクリートが合う理由

## ■温度変化による膨張率(ぼうちょうりつ)がほとんど同じ

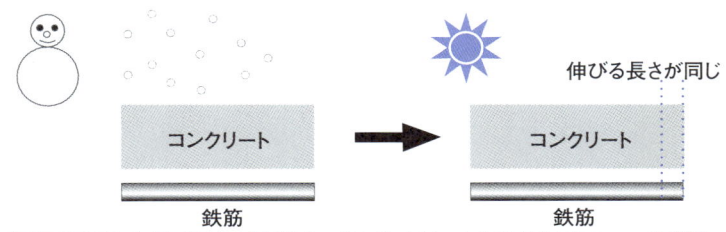

伸びる長さが同じ

コンクリート → コンクリート

鉄筋　　　　　　　　　鉄筋

気温が30℃上昇すると、長さ30mのコンクリートと鉄筋は約9mm伸びる
（詳しくは136ページ参照）

## ■鉄筋の酸化をコンクリートが防ぐ

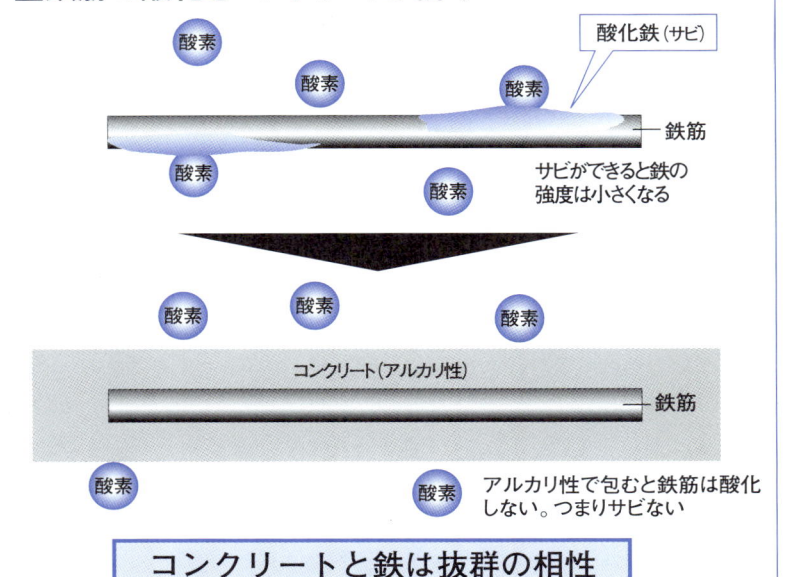

酸素　酸素　酸素　酸化鉄(サビ)

鉄筋

酸素　酸素　サビができると鉄の強度は小さくなる

▼

酸素　酸素　酸素

コンクリート（アルカリ性）

鉄筋

酸素　酸素　アルカリ性で包むと鉄筋は酸化しない。つまりサビない

## コンクリートと鉄は抜群の相性

# コンクリートを
# より一層強化する

## 〜プレストレストコンクリート〜

　コンクリートは、工場で材料を混ぜ合わせてから工事現場に運び、流し込んで固めるのが主流になっている（62ページ参照）が、さらに、固めるところまでを工場で行なうこともある。これを、プレキャストコンクリート（Precast Concrete：あらかじめ形成したコンクリート）という。工場でつくるので、品質管理が行き届く。ビルや工場の外壁などのほか、まだ少ないが住宅にも用いられている。

　鉄筋コンクリートをさらに強化したプレストレストコンクリート（Prestressed Concrete）も、プレキャストコンクリートのひとつ。これは、あらかじめ圧縮されたコンクリートである。

　広い場所で大勢が働くオフィスビルなどの場合、鉄筋コンクリートの床でもまだ頼りないかもしれない。床を厚くしたり、中の鉄筋を太くすればいいのだが、そうすると床の重量が大きくなり、床を支える柱を太くしなくてはならない。余計なお金がかかり不経済だし、柱のスペースのせいでオフィスの面積が小さくなる。プレストレストコンクリートはこういった問題を解消する。あらかじめコンクリートに圧縮をかけることによって、ビルが完成したときにかかると思われる荷重によって生じる引張力を打ち消すのである。

　図のように、コンクリートに穴を空けて鋼鉄の棒かケーブルを通す。そしてAを固定して、B側から棒を引っ張る。その状態のままBと棒を固定する。すると、このコンクリートにはつねに水平方向に圧縮がかかっている状態になる。そうすると重いものが乗っても、コンクリートの中でふつうなら働く引張力が打ち消される。このように、コンクリートの弱点を補う技術がいろいろと開発されている。

# 圧縮のかかったコンクリート

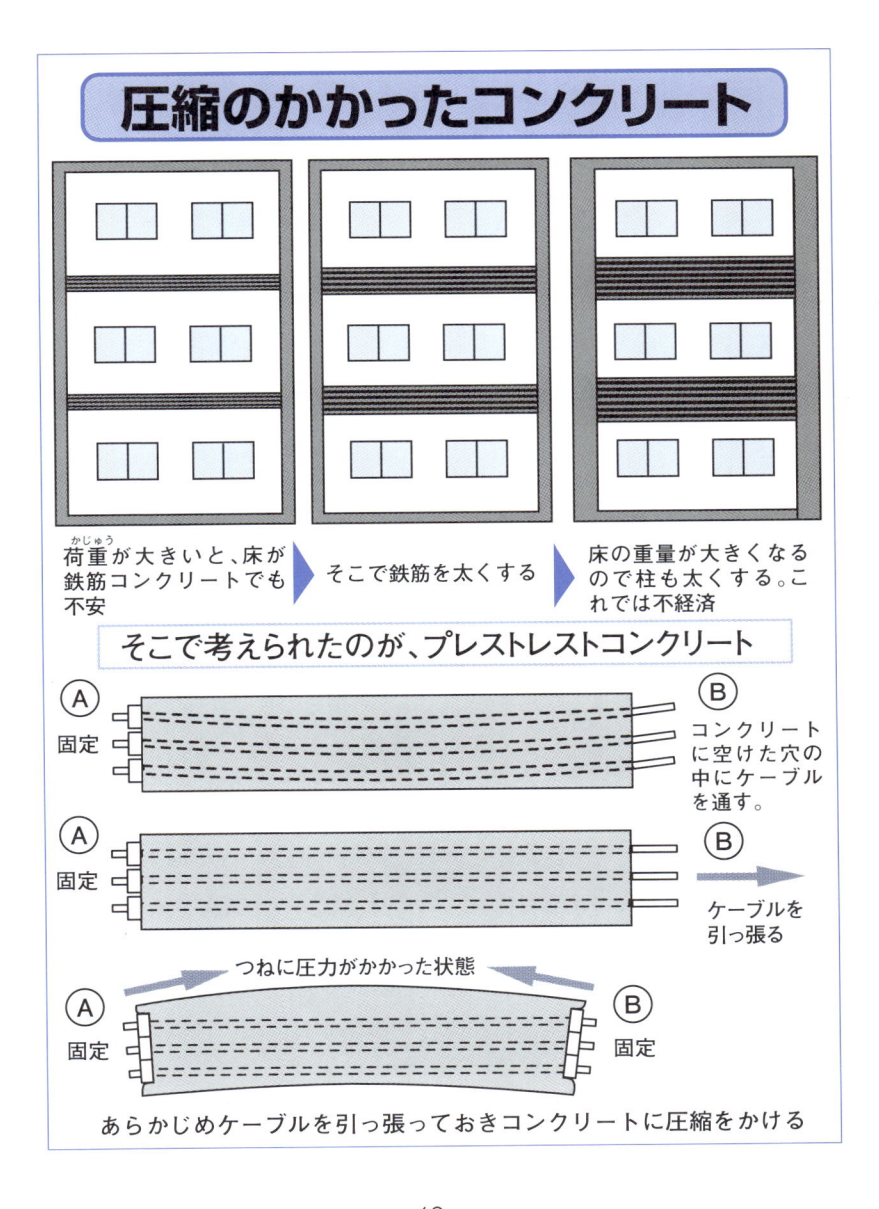

荷重が大きいと、床が鉄筋コンクリートでも不安

そこで鉄筋を太くする

床の重量が大きくなるので柱も太くする。これでは不経済

## そこで考えられたのが、プレストレストコンクリート

Ⓐ 固定　　　　　　　　　　　　　Ⓑ

コンクリートに空けた穴の中にケーブルを通す。

Ⓐ 固定　　　　　　　　　　　　　Ⓑ

ケーブルを引っ張る

つねに圧力がかかった状態

Ⓐ 固定　　　　　　　　　　　　　Ⓑ 固定

あらかじめケーブルを引っ張っておきコンクリートに圧縮をかける

# 鉄はどうやってつくられるのか

### ～鉄鉱石・銑鉄・鋼～

　日本で建築物に鉄が大規模に使われるようになったのは、明治時代、19世紀の終わりごろである。建築材料としては比較的新しいが、弥生時代にはすでに、刃物や馬具などに使われていたようだ。

　鉄の原材料は鉄鉱石。鉄と酸素が化学反応を起こすと、酸化鉄（サビ）ができるが、じつは、鉄鉱石の正体はこの酸化鉄なのである。もともと自然界に存在していた酸化鉄に手を加えて鉄をつくる。それが雨に濡れたり、長いあいだ大気に触れて酸化すると、酸化鉄ができる。つまり、循環しているのである。

　では、酸化鉄からどうやって鉄がつくられるのか、簡単に説明しよう。鉄鉱石を溶鉱炉に入れ、1200～1400℃の高熱で溶かす。この状態のものを、銑鉄と呼ぶ。それを別の炉に入れ、余分な炭素や不純物を取り除く。それを型に入れて固まりにし、さらに板状や棒状の形に加工する。これが建物の材料になるのだ。

　鉄鉱石からつくられるものを、まとめて鉄ということが多いが、中に含まれる炭素の少ない順に、軟鉄、鋼鉄、鋳鉄に分けられる。

　建築材料として使われるのは、ほとんど鋼鉄である。また、鋼鉄のなかでも炭素の含有量によって、低炭素鋼（炭素含有量約0.03～0.3％）、中位炭素鋼（約0.3～0.35％）、高炭素鋼（約0.35～2.0％）に大別されている。建物の構造を支える材料としては、低炭素鋼が使用される。中位炭素鋼はレールや車輛など、高炭素鋼はバネやピアノ線などに用いられている。

## 鋼材のつくり方

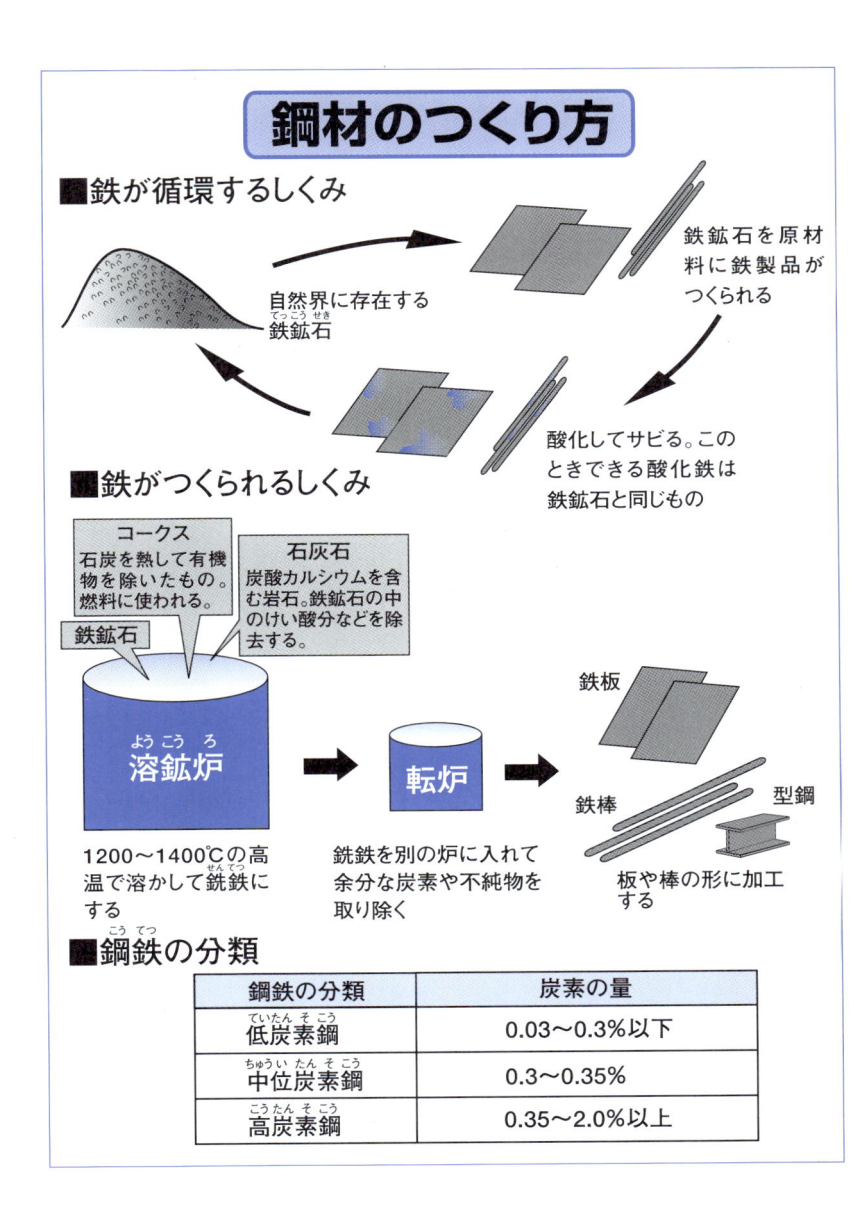

### ■鉄が循環するしくみ

- 自然界に存在する鉄鉱石(てっこうせき)
- 鉄鉱石を原材料に鉄製品がつくられる
- 酸化してサビる。このときできる酸化鉄は鉄鉱石と同じもの

### ■鉄がつくられるしくみ

**コークス**
石炭を熱して有機物を除いたもの。燃料に使われる。

**石灰石**
炭酸カルシウムを含む岩石。鉄鉱石の中のけい酸分などを除去する。

**鉄鉱石**

**溶鉱炉(ようこうろ)** → **転炉** → 鉄板 / 鉄棒 / 型鋼

- 1200〜1400℃の高温で溶かして銑鉄(せんてつ)にする
- 銑鉄を別の炉に入れて余分な炭素や不純物を取り除く
- 板や棒の形に加工する

### ■鋼鉄(こうてつ)の分類

| 鋼鉄の分類 | 炭素の量 |
|---|---|
| 低炭素鋼(ていたんそこう) | 0.03〜0.3%以下 |
| 中位炭素鋼(ちゅういたんそこう) | 0.3〜0.35% |
| 高炭素鋼(こうたんそこう) | 0.35〜2.0%以上 |

# 鋼材の特徴

## ～炭素の量で強度が決まる～

　鋼鉄は、細い棒状にされて、鉄筋コンクリートに使われるほか、図のような形に加工されて、梁や柱などの、建物の骨格をなす主要な部分に使用される。

　強度については、とくに引張に対する力が強い。さらに靭性が高く、粘り強い。薄くても重さに耐える力が強いので、固定荷重の大きな背の高い建物の部材として、うってつけの材料である。

　ところで、鋼鉄には炭素が含まれている。ほんのわずかな量なのだが、これが鋼鉄の強度を決めているのだ。炭素の含有量が多いほど、固くて曲がりにくく、丈夫だが、加工しにくいという特徴がある。炭素が少ないと、強度は低いが、やわらかく、扱いやすいというメリットがある。炭素の量を調節することによって性質を変え、用途に適した鋼鉄をつくっているのである。

　鋼鉄のなかでも、特殊鋼あるいは合金鋼といって、マンガンやニッケルといった金属を加えてつくるものがある。これは、引張力などをより大きくするためで、とくにマンガンを入れると、強度、硬度、靭性ともに大きくなる。

　また、鋼鉄は温度によって強度が変化する。600℃あたりになると、建材としての役をなさなくなる。そして、1000℃で強度がほとんどなくなり、1500℃になると溶けてしまう。炎を出して燃えることはないが、熱によって弱くなり、変形する。場合によっては、崩れてしまうことだってありうる。鋼鉄は火災には弱い材料なので、耐熱対策が必要になる。

# 鋼材の短所と長所

## ■さまざまな形の鋼材

H形鋼　　　　溝形鋼　　　　山形鋼

## ■鋼材強度の特徴

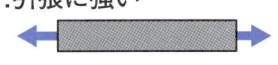

1. 引張(ひっぱり)に強い

引っ張られてもなかなかちぎれない

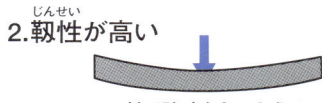

2. 靭性(じんせい)が高い

粘り強くもちこたえる

## ■材料を調節して性質を変える

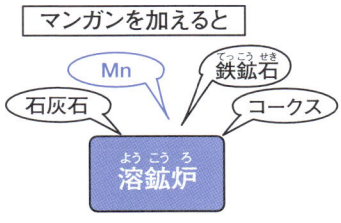

**マンガンを加えると**

Mn / 鉄鉱石(てっこうせき) / 石灰石 / コークス → 溶鉱炉(ようこうろ)

マンガンを加えると、強度が大きくなる

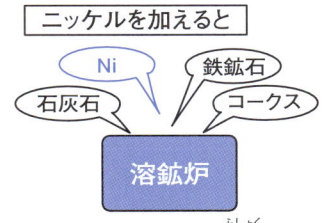

**ニッケルを加えると**

Ni / 鉄鉱石 / 石灰石 / コークス → 溶鉱炉

ニッケルを加えることで、腐食(ふしょく)に強くなる

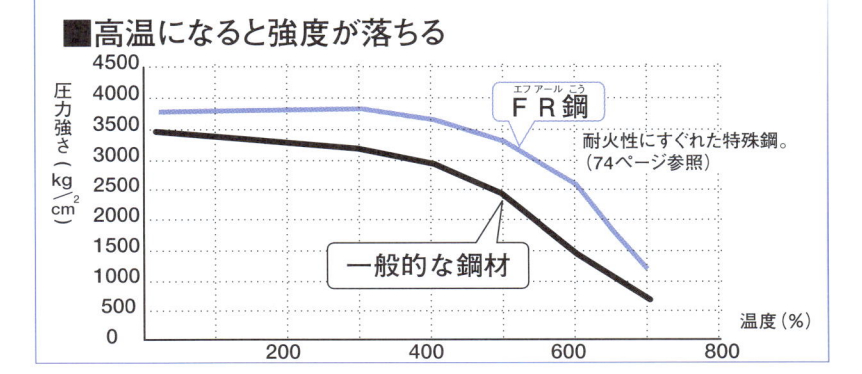

## ■高温になると強度が落ちる

圧力強さ($kg/cm^2$)／温度(％)

FR鋼(エフアールこう)　耐火性にすぐれた特殊鋼。（74ページ参照）

一般的な鋼材

# 鋼鉄を長持ちさせるために

### ～防火・防食対策～

　熱への対策としては、火や熱に強い材料を鋼鉄の表面に張りつけて、熱の侵入を防ぐのが効果的だ。建築物の構造や設備などについての制限を定めた法律、建築基準法では、建物の大きさや構造などによって、防火材を使うことを義務づけている。また、鋼鉄を製造する途中でクロム（金属の一種）を加えた特殊鋼のＦＲ鋼（Fire Resistant鋼）は、そのままで耐熱性がある。

　また、鋼鉄が朽ちるのを防ぐことも大きな課題だ。鋼鉄などの金属が朽ちることを腐食といい、その原因にはサビや電食などがある。

　サビは身近によく見られる現象で、鋼鉄が空気中の酸素と結合して起こる酸化反応によってできる。鉄筋コンクリートの中の鉄筋は、コンクリートにおおわれているので、サビの心配は少ない。しかし、コンクリートが中性化したり、コンクリートにひびが入ったりして、サビてしまうことはある。鋼鉄をむき出しで使う場合は、大気中の酸素や水などに直接触れてしまうのでサビやすい。

　電食というのは、鋼鉄にほかの金属が接触して電気化学反応が起こり、その結果、腐食してしまうことだ。このような状態で力がかかると、壊れてしまう。

　腐食を防ぐ効果的な方法には、鋼鉄に塗料を塗ったり、ニッケルやクロム、亜鉛などの金属の薄い層をつける電気メッキ、溶融メッキなどがある。また、最近では、プラスチック・コーティングもよく用いられている。

# 鋼鉄の弱点をカバーする

## ■熱に弱いという弱点を補うために

鋼鉄

熱

火や熱に強い材料を巻く

**防火材**
吹付（ふきつけ）ロックウール、けい酸カルシウム板、ラスモルタル など

## ■腐食（ふしょく）を防ぐには

水　酸素　水　酸素　水

酸素

水

金属

**サビ**
酸素に触れることにより、鋼鉄が酸化する

**電食（でんしょく）**
ほかの金属が接触して電気化学反応が起こり腐食する

### 腐食を防ぐ方法

**電気メッキ**
電気分解作用によって、鋼鉄の表面に別の金属を薄く接着させる。

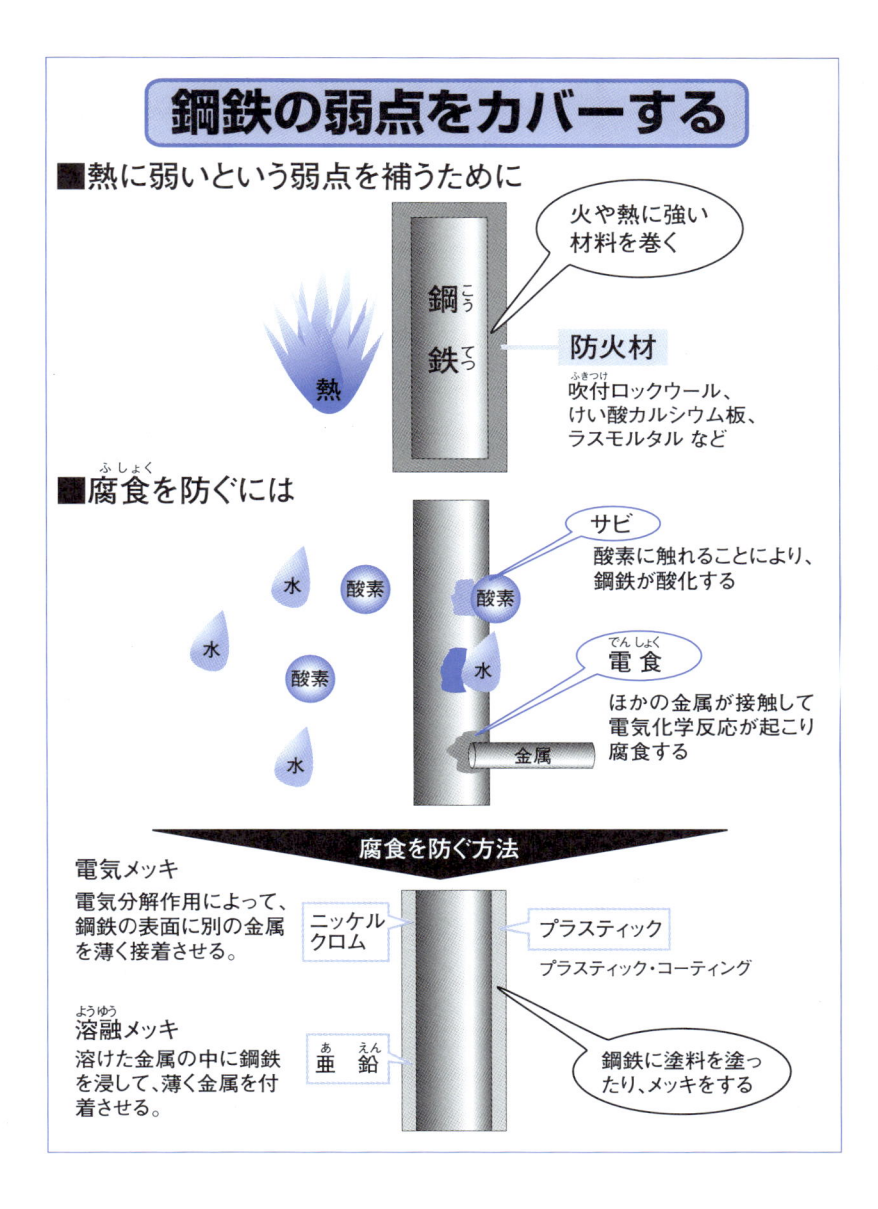

ニッケルクロム

**溶融（ようゆう）メッキ**
溶けた金属の中に鋼鉄を浸して、薄く金属を付着させる。

亜鉛（あえん）

**プラスチック**
プラスチック・コーティング

鋼鉄に塗料を塗ったり、メッキをする

# 水から建物を守る

~防水層を設ける~

　ここまでは、建築物の骨格をなす材料について説明してきた。現在の日本では、これまでに説明した木、コンクリート、鋼鉄(こうてつ)の3つがおもな構造用の材料といえるだろう。

　この3つはどれも、水にさらされっぱなしだと都合が悪い。木はゆがんだり、腐ったりする。コンクリートは水自体には強いが、ひび割れが発生すると、そこから水が入り込み、中の鋼鉄がサビてしまう。

　水から材料を守るには、屋根や外壁など、外に面している部分や、台所やお風呂場など、室内で水を使う個所に、水を通さない材料でつくられた防水層を設けることが必要だ。防水層の材料のおもなものには、アスファルトやモルタルのほか、ナイロンやポリエチレンなどを薄いフィルムにした高分子フィルムなどがある。

　アスファルトというと、道路にしきつめられているものを想像する人も多いと思うが、実はとても種類が多く、建物の防水材としても活躍しているのだ。アスファルトは石油や石炭から採れる黒っぽい固体か半固体だ。道路に使われているものも、すぐれた防水性によって地盤を保護している。建築物の防水に使うアスファルトには、フェルト布でつくったシートをアスファルトに浸してつくるアスファルトフェルトなどがある。

　モルタルは、セメントと水、砂を混ぜてつくったもので、元来水を吸い込む性質がある。防水目的に用いるためには、防水剤を加えなければならない。防水剤を加えたモルタルは防水モルタルと呼ばれ、壁や床の表面に塗れば防水層になる。

# 構造部材を水から守る

■防水層とは

構造部材を水から守るため、水を通さない材料でつくった層。水にさらされやすい個所に設ける。

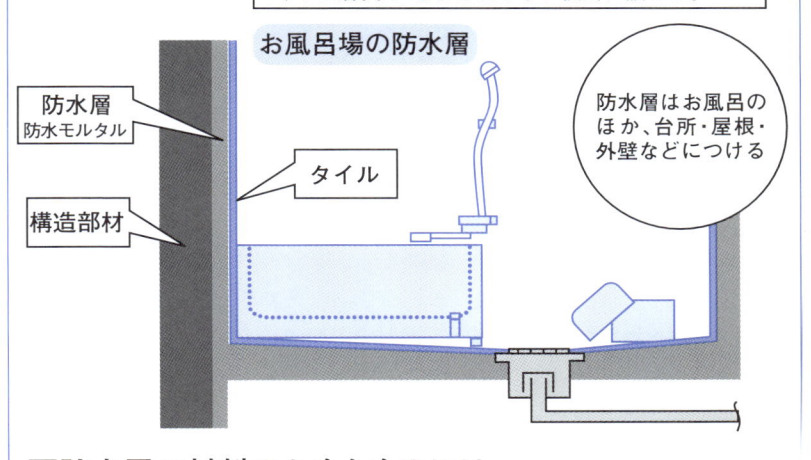

## お風呂場の防水層

防水層
防水モルタル

タイル

構造部材

防水層はお風呂のほか、台所・屋根・外壁などにつける

■防水層の材料のおもなものには

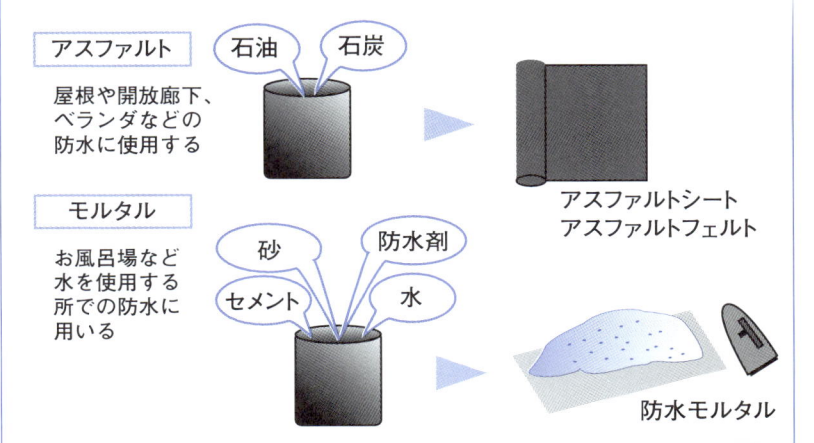

アスファルト

屋根や開放廊下、ベランダなどの防水に使用する

石油　石炭

→ アスファルトシート
アスファルトフェルト

モルタル

お風呂場など水を使用する所での防水に用いる

砂　防水剤
セメント　水

→ 防水モルタル

# 仕上げはデザインのためではない

## ～内外装材料～

　家の中の壁や床、天井を見てみよう。たいていの住宅では、木やコンクリートなどの構造材がそのままあらわにはなっていない。外壁だってそうだ。なにかしら仕上げが施されている。建物の外部の仕上げを外装といい、内部の仕上げを内装という。

　内装や外装は、デザインのためだけではなく、建物を長持ちさせるためにも重要なものだ。たとえば、火に弱い、水に弱い、腐食するといった構造用材料のいろいろな弱点をカバーするために、耐火性、耐水性、耐食性にすぐれた材料を張るのがそうだ。

　外装の材料として、木造住宅の外壁の場合、耐火パネルとモルタルがもっとも一般的だ。モルタルは、耐水性、耐火性にすぐれているし、材料費が比較的安価だというのも長所だ。

　鉄筋コンクリートづくりのビルの壁では、薄く切った石の板を張りつけることが多い。見た目に重厚で落ちついた感じがするし、石の種類にもよるが耐火性が高い。タイルや金属のパネルなどもよく使われる。

　内装材料には、木の板や合板、クロス（布やプラスチックでつくられた壁紙）、しっくいなどがある。しっくいとは、石灰に砂、のり、糸くずやワラなどを混ぜてつくったもので、日本ではむかしから壁に塗って使われてきた。また、れんがをタイル状にして壁に張りつけることもある。ビルでは、床に石を張っているものも多い。

　コンクリートむき出しの壁のように、構造材がそのままあらわになっている建物の場合は、なんらかの形で、弱点を補う工夫がこらされているはずである。

2　建物を構成するさまざまな材料

# 構造材に張る内外装材

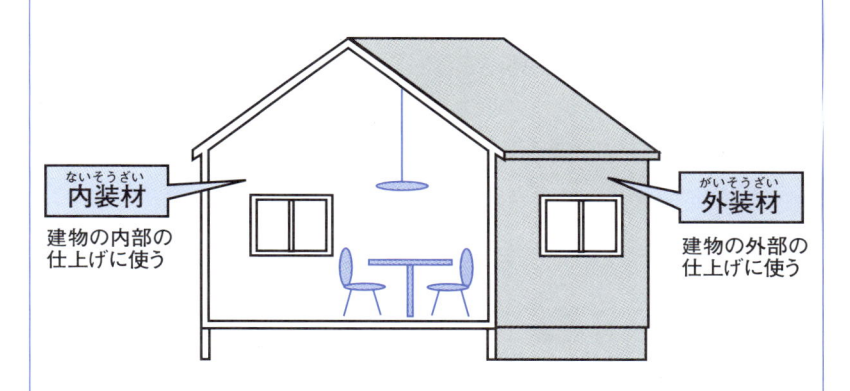

**内装材**（ないそうざい）: 建物の内部の仕上げに使う

**外装材**（がいそうざい）: 建物の外部の仕上げに使う

デザインの面で色彩や材質に工夫をこらすだけではなく、火や水に強く、腐食（ふしょく）させないといった、建物を守って長持ちさせるための建材

## 外装材

### タイル
陶磁器質の薄い板。耐久性、防火性にすぐれる

### 金属パネル
鋼、ステンレス、アルミニウム製などのパネルがある

### 吹付タイル（ふきつけ）
タイルに似た光沢（こうたく）を持つ。外壁に吹き付けて接着する

## 内装材

### 合板（ごうはん）
木材を薄くスライスした板を張り合わせたもの。表面に銘木（めいぼく）や化粧板を張って用いる

### クロス
紙や繊維、プラスチックなどをシート状にしたもの

### しっくい
石灰に砂や布くずなどを混ぜて水で練ったもの

# 火災を防ぐための内装材

### ～防火材料と耐火材料～

　台所で火災が発生したとき、内装材が燃えやすいものだと、一気に台所全体が火に包まれ、火が廊下や別の部屋に移り、家全体におよぶ。最悪の場合、構造材が崩れて家が崩壊したり、隣の家にまで火が燃え移ってしまう。このようなことのないように、内装材には、火を燃え広がらせない性質を持つ防火材料を使うことが大切だ。

　防火材料には、火事の拡大を防ぐ機能の高い順に、不燃材料、準不燃材料、難燃材料がある。建築基準法（86ページ参照）では、建物の大きさや、建物の使用目的などによって、どの防火材料をどの程度使うかが義務づけられている。

　不燃材料の代表的なものに、岩綿スレートがある。これは、安山岩を高熱で溶かして、繊維状に加工したものだ。準不燃材料としてよく使われるのは、石膏を専用の紙ではさんだ石膏ボードだ。難燃材料には、合板を加工処理した難燃ボードなどがある。

　防火材料は、その材料に火が当たっても着火しにくいものをいい、文字どおり、火を防ぐ働きをするのだが、その中でもとくに長い時間火にあぶられても、構造材に影響を与えないものを耐火材料という。

　耐火材料には、コンクリート、れんが、モルタルのほか、セメントや岩綿などを混ぜ合わせたものを構造材に吹きつける吹付岩綿、軽量コンクリート（コンクリートは、一般に軽量のほうが断面に穴がたくさん空いていて熱が伝わりにくいため）などがある。

　この章ではさまざまな建築材料を紹介したが、建物の用途や使用個所によってこれらをうまく使い分け、建物がつくられているのだ。

# 火災を防ぐいろいろな材料

## ■防火材料  材料に火が当たっても着火しにくい

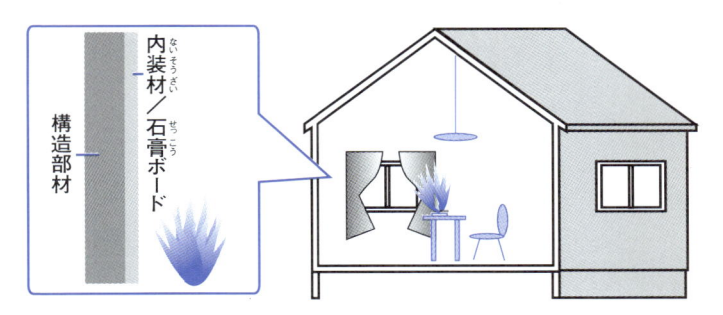

内装材／石膏ボード
構造部材

## ■おもな防火材料

建設大臣が定める試験に合格したもの

| 不燃材料 | 岩綿スレート、コンクリート、れんが、アルミニウムなど |
|---|---|
| 準不燃材料 | 石膏ボード、木毛セメント板など |
| 難燃材料 | 難燃ボード、難燃プラスチック板など |

## ■耐火材料  材料に火が当たっても熱に耐える

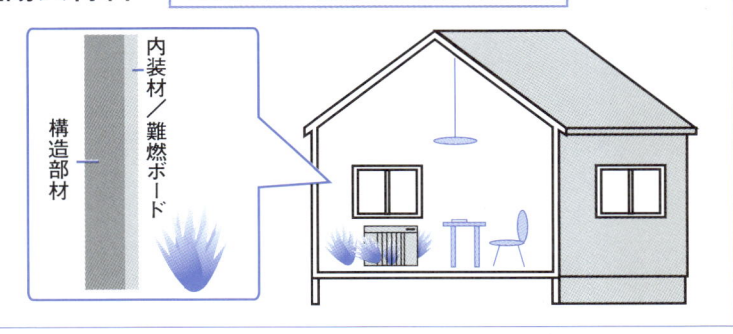

内装材／難燃ボード
構造部材

## 地震が来ても崩れにくい構造ですか？

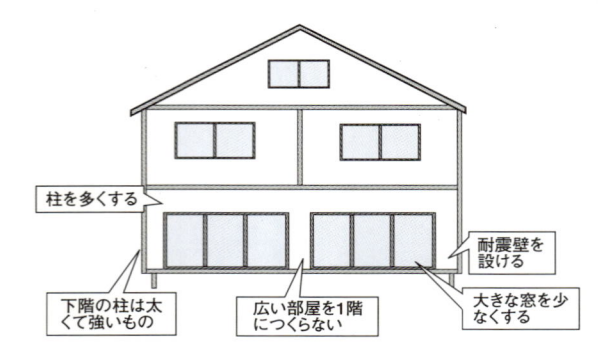

- 柱を多くする
- 下階の柱は太くて強いもの
- 広い部屋を1階につくらない
- 耐震壁を設ける
- 大きな窓を少なくする

「鉄筋コンクリートづくりなら地震にも安心」と思っている人がいるが、それだけでは不十分で、地震に負けないような構造にすることが大切だ。

柱は、下のほうの階に太くて強い部材を多く使うほうがよい。1階に広い居間をつくり、2階に子ども部屋や寝室、浴室などを置く場合、1階の柱が少なくなってしまう。そういう状態で上の階に地震などで大きな荷重がかかると、構造的に不安定なため壊れてしまう。また、部屋に大きな窓を取り付けると、その部分は地震によるゆれやねじれに弱くなる。

1階に広い居間をつくったり大きな窓を取り付けたい場合は、木造なら大きな筋違を入れたり、鉄筋コンクリートなら窓などの開口部のない壁を要所要所に設けたり、壁の厚さを増すなどの対処が必要になる。

# Chapter 3

# 建物を建てる 環境を整える

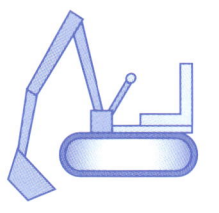

# 街はどうやってできているのか

### ～都市計画とはなにか～

この章では、建物が建つ場所の環境や、敷地や地盤について説明していこう。

ビルの屋上から街を見下ろしてみると、街の様子がよくわかる。多少は入り組んでいるが、建物は好き勝手な所に建っているわけではない。人間が生活しやすいように建物の配置が考えられ、計画的に街がつくられている。

都市の中では、たくさんの人が働き、勉強し、生活している。その人々が安全で快適な暮らしを送ることができるように、土地の使い方や建物の建て方などにはルールが設けられている。このルールに沿って計画的に都市を整えていくことを、都市計画という。

昭和40年以降、都市に人口が集中し、建物が過密に建ち並んだ。一般に、人口密度の高い地域は生活には便利だが、物価が高くなるし、防災の面で好ましくない。その一方で、地方には過疎地域が増えてきた。物価が安いという点では暮らしやすいが、利便性の面で十分とはいえない。過密な地域と過疎の地域とで生じるこういった不均衡を防止・解消し、うまくバランスを保ちながら都市を整えていこうというのも、都市計画の目的である。

われわれが家を建てるときも、いろいろな規制が課される。街づくりに関する法律だけでなく、健康を維持し、安心して住むことができるように、建物の建て方を定めた法律もある。

では、次の項目から、街づくりや建物の建て方に関する法律について見ていこう。

# 計画的に街をつくる

## 商業地域
デパートやホテル、店舗や会社などの利便性を高めることを計る地域

## 住居地域
快適な住環境を目的とし、店舗や工場等の建設が制限される場合がある

## 文教地域
学校の周辺など、良好な教育環境を保つことを計る地域

建物はやみくもに建設されているのではなく、われわれが生活しやすいように配置されている

**うまくバランスを保ちながら都市を計画的に整える**

# 建物を建てるための さまざまな法律

## ～たくさんの決まりごと～

　国土利用計画法は、限られた日本の土地を、効率よく、計画的に使っていくために定められたものだ。国、都道府県、市町村ごとに土地の利用計画をつくることを定め、国土（日本の領土）の無秩序な開発を規制したり、土地の売買に関して規制を設けている。一言でいえば、国土の使い方についての決まりごとだ。

　都市計画法は、都市計画についての基本的な法律で、都市として開発を進めていく地域を都市計画区域と定め、さらにそれを市街化区域と市街化調整区域に分けている。前者は、現在市街地であるか、近い将来、市街地として整備する予定の地域で、後者は、農村や漁村など、当分のあいだ市街地として開発しない地域である。市街化調整区域に建物を建てるのには、厳しい規制がある。

　建築基準法は、建物を建てるうえで守らねばならない、建築のもっとも基本的な法律で、敷地の場所による建物の用途制限や、建物の構造や大きさ、設備などについての最低限の基準が細かく定められている。

　隣近所との関係に関する規定は民法で定められている。たとえば、隣との境界から50cm離して家を建てなくてはならないとか、隣とのあいだに塀をつくるときの費用の分担方法などについて定められている。

　そのほか建築に深い関係のある法律には、水質汚濁防止法や騒音規制法などの環境関係法、消防法などがある。これらの法律は、完全に独立しているのではなくて、連携することによって、建物や街を整備しているのである。

## 建築に関する法律

(例)

### ■国土利用計画法

都市の一極集中と、地方、農村、漁村の過疎化を緩和するといった目標に沿って、限られた日本の土地を合理的に使うための、国土の使い方についての法律。

土地取引許可申請

一定規模以上の土地取引は都道府県知事に届ける必要がある

### ■都市計画法

都市を秩序立てて整備し、健全に発展させるための法律。

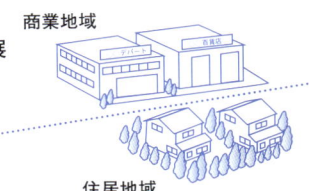

商業地域

住居地域

### ■建築基準法

建物を建てるうえで守らなければならない最低の基準。敷地や建物の構造、設備、用途などに関して細かく基準が定められている。

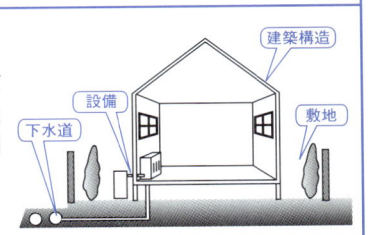

建築構造
設備
下水道
敷地

### ■民　法

財産、債権、親族、相続などを規定した法。建築に関しては、隣近所との関係に関する決まりごとなどが定められている。

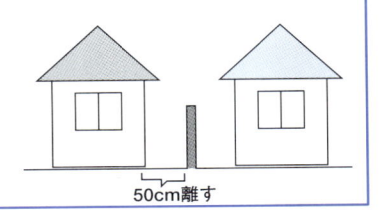

50cm離す

# 街の区分の仕方

～用途地域・高度地区・風致地区～

　84ページで、人間が暮らしやすいように建物の配置が考えられているという話をした。個人の家は住居地域、デパートや映画館は商業地域、工場は工業地域と、似たもの同士でかたまったほうが、それぞれの活動を行なううえでも、環境を守るうえでも、都合のいい場合が多い。

　都市計画法によって決められた市街化区域内は、いろいろな目的によって区分けされ、それぞれに規制が設けられている。これについて、もう少しくわしく見てみよう。

　たとえば、用途地域というものがある。市街化区域を右の表のように12種類に分け、それぞれに建物の用途を決めている。第1種低層住居専用地域は、2階建て以下の低層住宅のための地域。小規模のお店や小中学校などは建てられるが、大きなお店やホテル、工場などは建てることができない。一方、工業専用地域には、住宅やお店、学校、病院などは建てられない。

　また、高度地区という建物の高さが制限されている地域もある。各家に当たる陽を確保する、景観を大切にするためなどの目的で、高さの制限が設けられている。

　さらに、風致地区というのもある。風致は自然の景観のこと。樹林や川、湖などの自然を守るために定められた地区で、この地区に建設する建物にはさまざまな規制が設けられ、自然に影響を与える可能性のある建築を行なうときは、都道府県に届け出なければならない。

## 区域ごとに規制が設けられる

市街化区域(しがいかくいき)内では建物は目的によって区分けされている

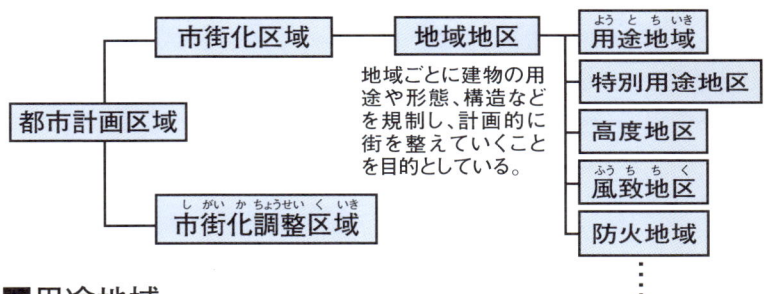

```
都市計画区域 ┬ 市街化区域 ─── 地域地区 ┬ 用途地域(ようとちいき)
             │                          ├ 特別用途地区
             │           地域ごとに建物の用 ├ 高度地区
             │           途や形態、構造など ├ 風致地区(ふうちく)
             │           を規制し、計画的に └ 防火地域
             │           街を整えていくこと  ⋮
             │           を目的としている。
             └ 市街化調整区域(しがいかちょうせいくいき)
```

### ■用途地域

| | | |
|---|---|---|
| 住居系 | 第1種低層住居専用地域 | 低層住宅の専用地域 |
| | 第2種低層住居専用地域 | 小規模な店舗の立地を認める低層住宅の専用地域 |
| | 第1種中高層住居専用地域 | 中高層の住宅の専用地域 |
| | 第2種中高層住居専用地域 | 必要な利便施設の立地を認める中高層住宅の専用地域 |
| | 第1種住居地域 | 大規模な店舗、事務所の立地を制限する住宅のための地域 |
| | 第2種住居地域 | 住宅地のための地域 |
| | 準住居地域 | 自動車関連施設等と住宅とが調和して立地する地域 |
| 商業系 | 近隣商業地域 | 近隣の住宅地の住民のための店舗、事務所等の利便の増進を計る地域 |
| | 商業地域 | 店舗、事務所等の利便の増進を計る地域 |
| 工業系 | 準工業地域 | 環境の悪化をもたらすおそれのない工業の利便の増進を計る地域 |
| | 工業地域 | 工業の利便の増進を計る地域 |
| | 工業専用地域 | 工業の利便の増進を計る専用地域 |

# 建物の大きさについての決まり①

### ~建ぺい率・容積率~

　土地を買って家を建てることになった。せっかくだから敷地を最大限使いたい。しかし、どの家も敷地いっぱいに建てたとしたら、その辺り一帯隙間がなく、ぎゅうぎゅう詰めになってしまう。もし火災が発生したら火が燃え移りやすく、大火事に発展する可能性があり、危険だ。

　そこで、地域ごとに建ぺい率を制限し、空地をとっている。建ぺい率とは、敷地面積に占める建物の面積の割合のことで、建物の面積を敷地面積で割った数値で表わされる。たとえば建物の面積が50m$^2$で、敷地面積が100m$^2$なら、50÷100×100％＝50％となる。

　また、容積も制限されている。マンションなど建物の高さが高いほど、つまり建物の容積が大きいほど、大勢の人が住むことになる。すると万が一災害が発生したとき、大災害に発展する可能性がある。また、1つの地区に大きな建物が集中すると、交通機関などが混雑する。これらを避けるために、容積を制限しているのだ。

　建物の各階の面積を合計したものを延べ床面積、敷地に対する延べ床面積の割合を容積率といい、延べ床面積÷敷地面積で計算する。100m$^2$の敷地に5階建てのビルが建っていて、1フロアの面積が60m$^2$とすると、延べ床面積は300m$^2$。容積率は、300÷100×100％＝300％となる。

　用途地域内では地域ごとに容積率が決められている。用途地域に指定されていない所では、400％以内となっている。

　マンションや住宅のチラシには、用途地域や建ぺい率、容積率などが記されているので、一度見てみよう。

# 敷地面積と建物の関係

## ■建ぺい率
敷地面積に占める建物の面積の割合。

$$建ぺい率 = \frac{建築面積}{敷地面積} \times 100 (\%)$$

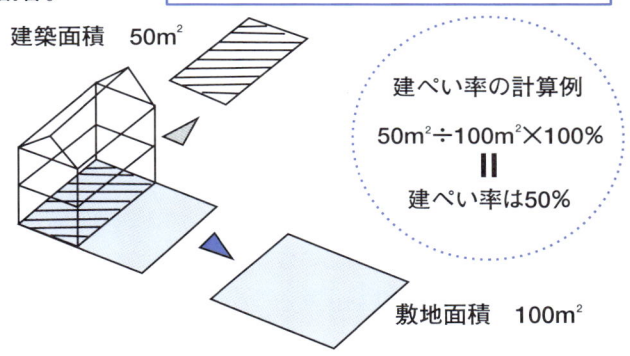

建築面積　50m$^2$

敷地面積　100m$^2$

建ぺい率の計算例

50m$^2$ ÷ 100m$^2$ × 100%

＝

建ぺい率は50%

## ■容積率
敷地面積に占める延べ床面積の割合。

$$容積率 = \frac{延べ床面積}{敷地面積} \times 100 (\%)$$

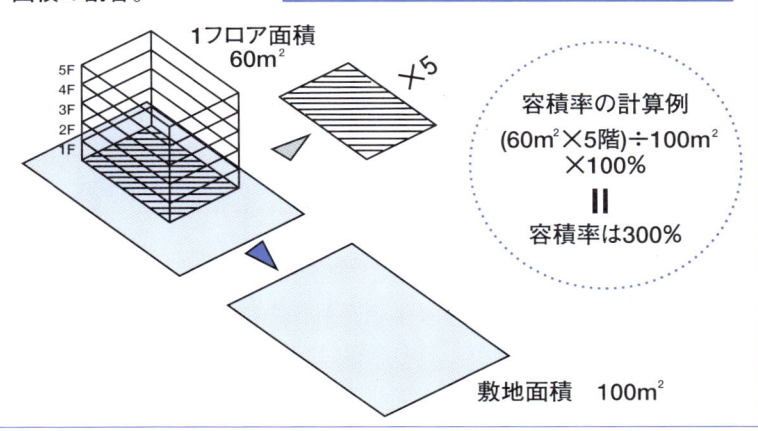

1フロア面積　60m$^2$　×5

5F / 4F / 3F / 2F / 1F

敷地面積　100m$^2$

容積率の計算例

(60m$^2$ × 5階) ÷ 100m$^2$
× 100%

＝

容積率は300%

# 建物の大きさについての決まり②

## ～高さ制限～

 2階建てのあなたの家の南側に、大きな10階建てのマンションが建ったとしたら、あなたの家にはほとんど陽が入らなくなる。以前は陽が射して明るかった家の中が真っ暗になり、布団も干せない。そういうことが起こらないように、第1種低層住居専用地域と第2種低層住居専用地域には、絶対高さ制限（この高さ以上の建物は建ててはいけないという数値）がある。10mか12mのどちらか都市計画で決められた高さ以下にしなくてはいけないのだ。

 その他の地域には絶対高さの制限はないが、31mを超える建物は、建築確認申請（36ページ参照）をする際に、その建物についての細かい資料を提出しなくてはならず、審査も厳しくなる。この31mという数字は、かつて建築基準法ですべての建物に決められていた絶対高さ制限から来ている（26ページ参照）。

 また、高さの制限は、絶対高さ制限だけではない。たとえば、道路斜線制限がある。道路に面した建物が無制限に高くそびえ建っていると、道路が建物に圧迫され、陽も当たらない暗い空間になってしまう。家と同じように、道路にも光は必要だ。そこで、前面の道路の広さに比例して、建設できる空間を制限している。第1種低層住居専用地域の場合、右の図のように、道路の幅を1、道路と敷地の境界線上を1.25として、AとBを結んで斜線を引く。建物は、その斜線の範囲内に収める。ときどき、道路に面した建物が、斜めにカットされているのは、この制限のためだ。

 ほかに、北側斜線制限といって、北側に隣接する建物に陽を当てるために設けられている決まりもある。

# 建てられる高さは

## ■絶対高さ制限 まわりの道路や建物の状況に関係なく定められた高さの制限

| 第1種低層住居専用地域 | 第2種低層住居専用地域 | 第1種中高層住居専用地域 | 第2種中高層住居専用地域 | 第1種住居地域 | 第2種住居地域 | 準住居地域 | 近隣商業地域 | 商業地域 | 準工業地域 | 工業地域 | 工業専用地域 |
|---|---|---|---|---|---|---|---|---|---|---|---|
| 10m・12m | | 制限なし | | | | | | | | | |

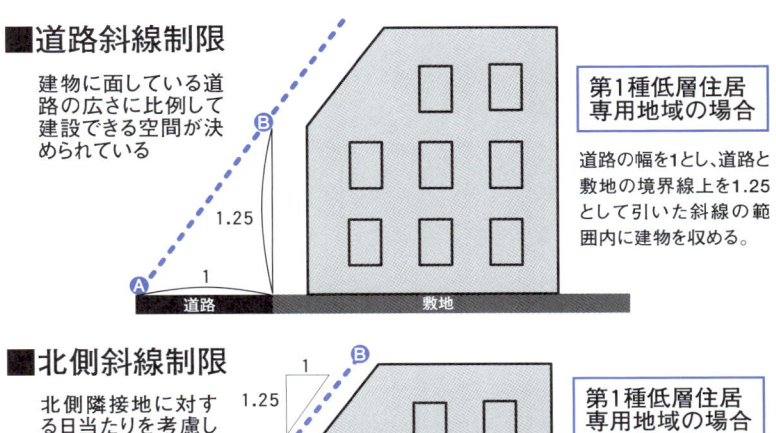

## ■道路斜線制限

建物に面している道路の広さに比例して建設できる空間が決められている

1.25 : 1
A 道路　敷地　B

### 第1種低層住居専用地域の場合

道路の幅を1とし、道路と敷地の境界線上を1.25として引いた斜線の範囲内に建物を収める。

## ■北側斜線制限

北側隣接地に対する日当たりを考慮して、建物の高さを制限している

N←

5m　隣地境界線　A　B　1.25 : 1

隣の敷地　自分の敷地

### 第1種低層住居専用地域の場合

北側に隣接する隣の敷地と自分の敷地との境界線上で、5mの立ち上がりから1.25の勾配で引いた斜線の範囲内に建物を収める。

# かならずしも守られていない規制

## ～規制の限界～

　建築基準法によって定められた地域内で建物を建てるときや、決められた規模以上の建物を建てるときには、施工に入る前に敷地や建物の構造、設備などの設計が建築基準法やその他の規制に適合しているか、市区町村などの地方自治体に確認申請を行なう。建物が完成したあとにも検査を受け、それに合格してはじめて建物を使用することができる。これが原則なのだが、すべての建物において、これらの規則が守られているわけではないのだ。

　たとえば、法律が改訂されて、前の法律では違反していなかった建物が違反となることもある。こういった場合、一般的な建物では、法規が変わっても遡及（法律の効力がその施行前にまで及ぶこと）を要求されることはない。だから、古くから建っているものであれば、現在の用途地域の規定に適っていなくても、撤去させられることはないのだ。

　また、はじめから規制を守っていない家もある。たとえば、建築基準法では、1階は地面から30cmほど上げなくてはならないとある。ところが、この決まりを守っていない家は多い。この規定はかなりむかしに、地盤の状態も建物の用途も問わず、すべての建物に当てはめられた。しかし実際、山の上の水はけのよい所で30cmも上げる必要はないし、お店の入り口が30cmも上がっていては、客足が遠のいてしまうだろう。

　実際、確認申請を必要としない建物は、無確認で建てられているということになる。建築基準法による規制は、すべての建物において守られているわけではないのが現状だ。

# 規制が守られないケース

## ■確認申請の流れ

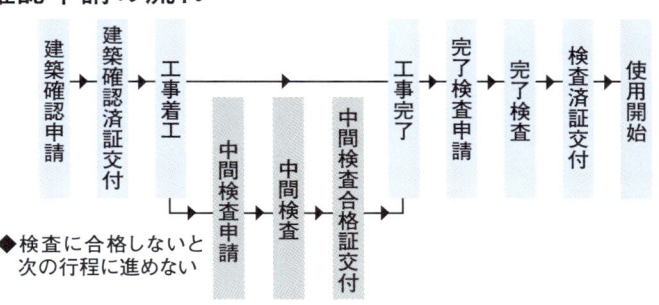

建築確認申請 → 建築確認済証交付 → 工事着工 → 中間検査申請 → 中間検査 → 中間検査合格証交付 → 工事完了 → 完了検査申請 → 完了検査 → 検査済証交付 → 使用開始

◆検査に合格しないと次の行程に進めない

## ■法規が変わっても遡及(そきゅう)を要求されない

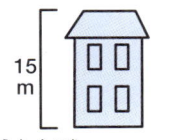

15m

用途(ようとちいき)地域に指定されていなかったので、15mの高さの建物を建てた

法改正後 →

第2種低層住居専用地域に指定

高さ制限 12m

建物を建て替えなければ高さを12mに変更しなくてもいい

ただし、消防法に関しては遡及が要求される

## ■はじめから規制を守らない建物も!?

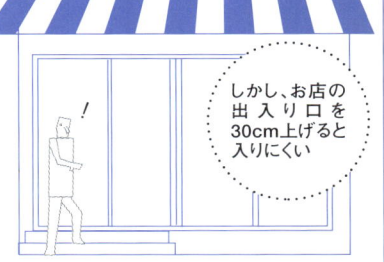

1階の床は、地面から30cm上げるよう定められている

しかし、お店の出入り口を30cm上げると入りにくい

30cm以上

# 建てる前に測量する①

## ～測量の目的～

　これまで見てきたように、建物の大きさや形、建て方にはさまざまな規制がある。そのため、敷地の大きさや方位、敷地に面する道路の幅などを正確に知ったうえで、建物を建てなくてはならない。

　たとえば、敷地に面している道路の幅が何mかわからないと、敷地の上の空間をどのくらい使えるかわからないし、敷地が何m²なのかわからないと、1フロアをどのくらいの面積にして、何階まで建ててよいか決まらない。だから、敷地のまわりのいろいろな個所を正確に測っておく必要があるのだ。

　器械を使って、2つの点のあいだの距離や、2つの線がつくる角度を測る技術のことを測量という。三脚の望遠鏡をのぞいていたり、長い巻尺を使って何かを測っている光景を目にしたことはないだろうか。あれは、測量を行なっているのだ。

　測量には大きく分けて、直接距離測量と間接距離測量がある。前者は、比較的小さな敷地を測るときの方法で、巻尺を地面に沿って水平に置き、距離を測る。

　ある点とある点のあいだの距離を測るときは、2人で巻尺をピンとはり、2点に合わせる。そして、もう1人が記録係を務める。

　このように距離を測り、さらに角度を測れば面積が計算できる。巻き尺などを使って距離を測り、トランジット、セオドライトという望遠鏡のついた器械で角度を測る。敷地の辺の長さと、辺と辺がつくる角度を計算すれば、敷地の面積を正確に求めることができる。

# 測量はなぜ必要か

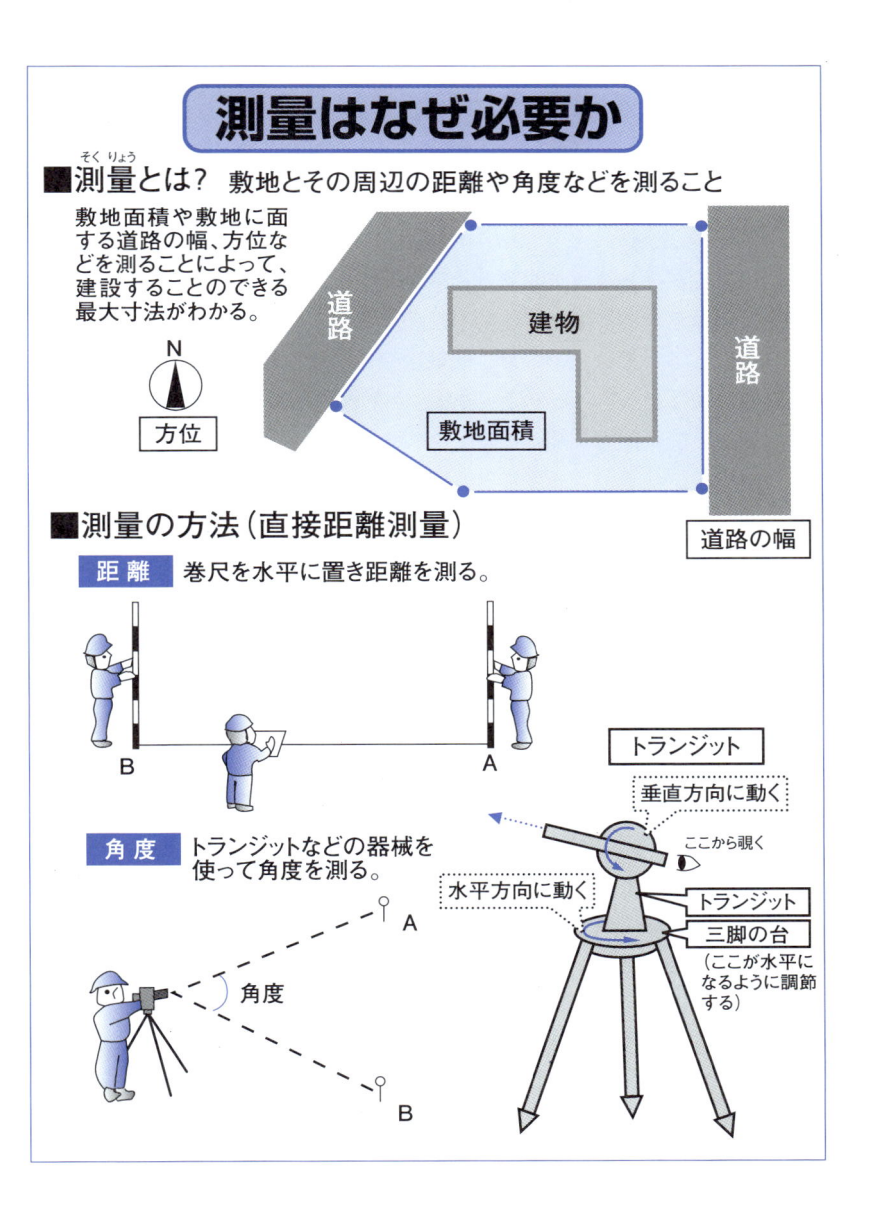

## ■測量とは？　敷地とその周辺の距離や角度などを測ること

敷地面積や敷地に面する道路の幅、方位などを測ることによって、建設することのできる最大寸法がわかる。

方位

道路

建物

道路

敷地面積

道路の幅

## ■測量の方法（直接距離測量）

**距離**　巻尺を水平に置き距離を測る。

B　A

**角度**　トランジットなどの器械を使って角度を測る。

A
角度
B

トランジット
垂直方向に動く
ここから覗く
水平方向に動く
トランジット
三脚の台
（ここが水平になるように調節する）

# 建てる前に測量する②

## ～三角測量～

地面が平らなら、距離と角度を測るだけでいいが、坂になっていて高低差がある敷地に建物を建設することもある。建物の床は水平になっていてほしいので、傾斜地でも、建物を斜めに建てるわけにはいかない。そのために、図のような水平距離を求める必要がある。

ＡＢ間の距離を知りたいとき、Ａ１に巻尺を置き、水平に伸ばす。坂の勾配が急で、一度にＢまで測れない場合は、とりあえずＣで垂直に下ろし、そこをＣ１とする。これで、ＡＣの距離がわかる。Ｃ１から同じように、水平に伸ばして、目的地のＢまで届いたら垂直に下ろし、ＣＢの距離を測る。ＡＣとＣＢの距離を足すと、ＡＢの距離がわかる。これとは逆に、下から上へと登りながら測る方法もある。

ふつう、住宅やビルを建てるときは、このような方法で測量が行なわれる。一方、ダムや橋などの大きな土木建造物をつくるときは、山を１つ２つ越えることもある。そうなると直接巻尺を当てて測ることはできないので、間接距離測量を行なう。そのなかでも、三角測量というのがもっとも基本的でよく用いられている方法だ。

三角測量は、高校の数学で勉強する正弦比例の法則を利用して行なう。正弦比例の法則とは、三角形ＡＢＣの角Ａ、Ｂ、Ｃの大きさに、辺ａ、ｂ、ｃの長さが正弦比例するというものだ。この三角形の性質を利用して測量を行なうのである。この三角測量を行なう道具としては、望遠鏡やレーザー光線を使った測量器械などがある。

さらに最近では、航空写真や人工衛星の利用など大がかりな技術が用いられることもあり、測量技術は日々進んでいる。

# さまざまな測量方法

## ■傾斜地の測量方法

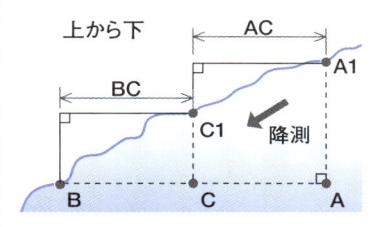

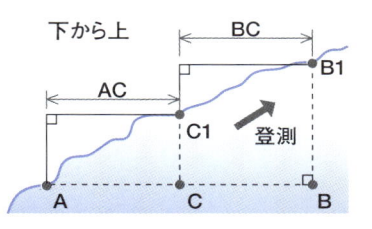

上から下

下から上

測量においての距離とは、**水平距離** をいう。
したがって上記の AB間の距離 ＝ AC ＋ BC

## ■三角測量の方法

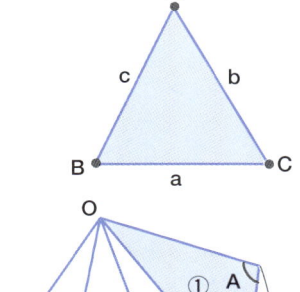

**正弦比例の法則：**

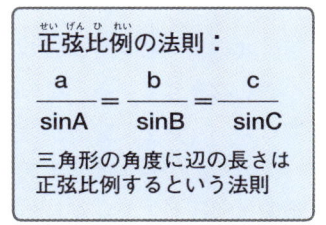

$$\frac{a}{\sin A} = \frac{b}{\sin B} = \frac{c}{\sin C}$$

三角形の角度に辺の長さは
正弦比例するという法則

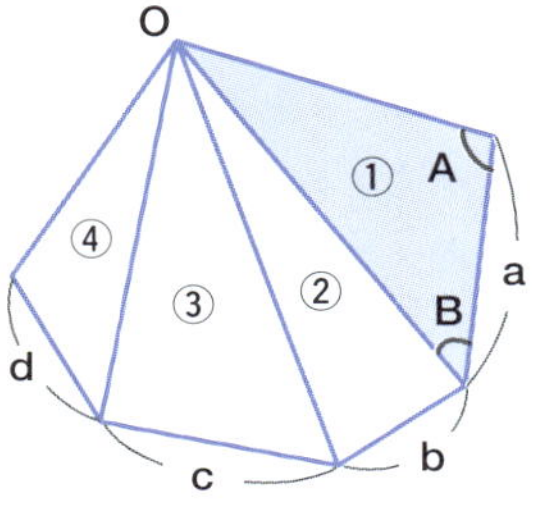

正弦比例の法則を利用して、左図のような大きな六角形の土地の面積を求めることができる。

1. a の距離を測る。
2. 角Aと角Bを測る。
3. 距離aと角A、Bから面積①がわかる。
4. 面積②、③、④も同様に測定、計算し、4つの三角形の面積を合計する。

広い土地に大きな建造物を建てるときなど、大きな工事を行なう際は、上記の**三角測量**を用いて測量する。

# 建物の下の地盤を探る

~地盤の構成~

では次に、建築物が建つ土地、つまり地盤について考えてみよう。

自分の家が建っている地面の下がどんな状態なのか、考えてみたことがあるだろうか。かつてそこは沼地で、やわらかい粘土層の地盤かもしれない。それでも、家を建てるために適当な処置がなされていれば問題はない。しかし、沼地の上に土をかけた程度ということもありうる。見た目にはまったくわからない。その上にいきなり重い建物を建てると、時間とともに地盤が沈んでいく、地盤沈下という現象が起こるかもしれない。

地盤沈下は次のようなメカニズムで発生する。土の中には、水と空気がたくさん含まれている。その上に重い物が乗ると、水と空気は絞り出されていく。その分、土は固く、密になるが、地面はどんどん下がっていく。これが地盤沈下だ。

通常、地盤は何層かで形成されており、深いほど固くなる。たとえば、日本の耕作地域では、一般的に地面から50cm～1mくらいが表土で、やわらかい土の層である。その下から数mまでが火山灰や粘土などの混じりあった層。そして、さらにその下に固い層がある。

地盤沈下を避けるためには、固い層まで掘って「基礎」（102ページ参照）をつくる必要がある。高層ビルや工場などの大きな建物の場合では、地中に鋼製の枠をさし込んで地盤を振動させるなどして、土の中から水を絞り出して固めておくなどの処理が必要なケースもある。

# 地盤の硬軟を考慮する

## ■地盤沈下はなぜ起こるか

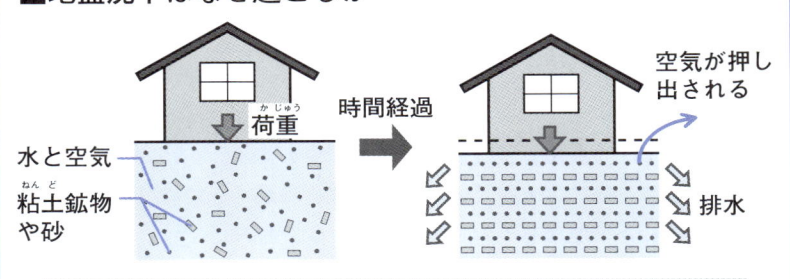

水と空気
粘土鉱物や砂
荷重
時間経過
空気が押し出される
排水

上記のように、土が荷重を受けて土の中の空気と水が追い出され、地盤沈下が起こる。

## ■地盤の構成

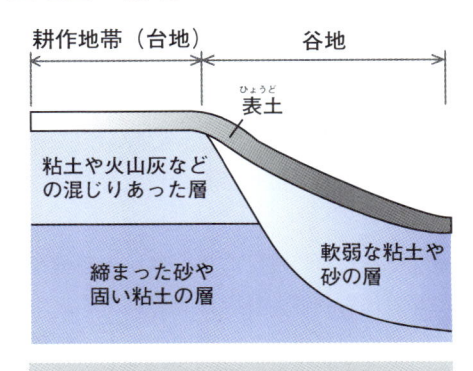

耕作地帯（台地） / 谷地

表土
粘土や火山灰などの混じりあった層
締まった砂や固い粘土の層
軟弱な粘土や砂の層

一般的に、耕作地帯の地盤は地表から1mくらいまでが表土で、その下から数mまでが粘土や火山灰が風化してできた層、さらにその下に固い層がある。谷地では、かなり深い所までやわらかい層になっていることが多い。

## ■軟弱層の場合

固い層まで掘って基礎をつくったり、地盤を固めるなどの処理をする。

軟弱層
固い層

# 建物を支える基礎

## ～基礎の目的～

　地盤はどこまでもやわらかいわけではなく、一般に深くなるほど固くなっていく。地盤沈下を招かないためには、ある程度固い所まで掘って、そこに「基礎」を築き、建物を支えればいい。

　基礎は、建物の一番下にあって、建物の重さを地盤に伝え、さらに、建物と地盤をしっかり固定する大事なものだ。

　基礎は、地盤の状態や建物の大きさなどによって形が異なる。詳しくは4章と5章で説明するので、ここでは地盤との関係について話しておこう。

　基礎は、直接基礎と杭基礎に大きく分けられる。直接基礎は、建物の荷重を直接地盤に伝えるもので、比較的浅い所に固い層がある場合に利用される。図のような柱があるとする。地盤に直接このような柱が立てられると、柱にかかる荷重をAの面積だけで受けることになる。これでは、いくら固い地盤でも、建物が沈んでしまう。そこで、荷重を受ける面積をBのように広くしたのが直接基礎である。

　直接基礎のなかにも何種類かあるが、住宅の場合は、布基礎が用いられる。住宅よりもっと重いビルの場合は、建物の底全体をコンクリートで固めるベタ基礎にする。こうすると荷重のかかる面積が広くなるので安定する。

　杭基礎というのは、基礎に杭を取り付けたもの。かなり深くならないと固い層があらわれない場合に使われる。いくらベタ基礎でも、地盤がやわらかければ沈んでいく。そこで、固い層に食い込むまで杭を深く打ち込んで、建物が沈むのを防ぐのだ。

# 建物と地盤を固定する基礎

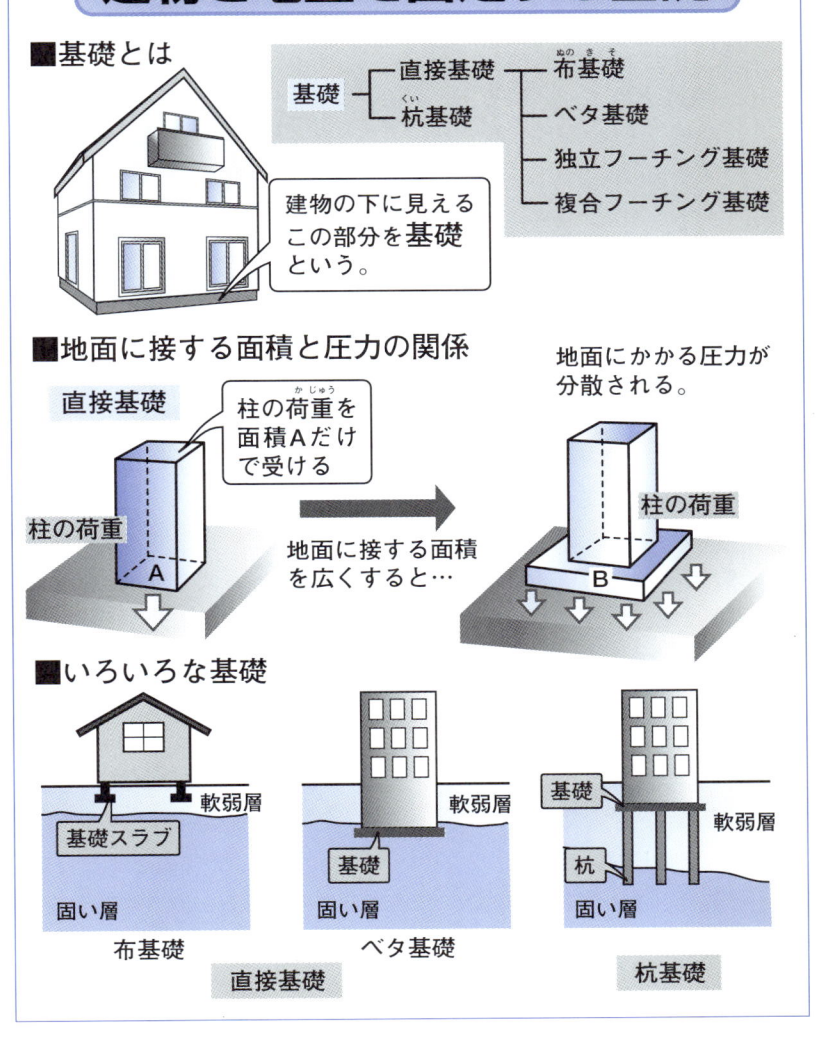

## ■基礎とは

基礎 ─┬─ 直接基礎 ─┬─ 布基礎(ぬのきそ)
　　　└─ 杭基礎(くい)　├─ ベタ基礎
　　　　　　　　　　　　├─ 独立フーチング基礎
　　　　　　　　　　　　└─ 複合フーチング基礎

建物の下に見えるこの部分を**基礎**という。

## ■地面に接する面積と圧力の関係

**直接基礎**

柱の荷重を面積Aだけで受ける

柱の荷重

地面に接する面積を広くすると…

地面にかかる圧力が分散される。

柱の荷重

## ■いろいろな基礎

軟弱層
基礎スラブ
固い層
布基礎

軟弱層
基礎
固い層
ベタ基礎

**直接基礎**

基礎
軟弱層
杭
固い層
杭基礎

# 地盤の状態を調べる

### ～地質調査～

　地質（地盤の性質）は地域によって異なるので、建物を建てる前に、敷地の地盤についてよく調べておかなくてはならない。

　小さな木造の住宅は、よほどやわらかい地盤でないかぎり建物が傾くことはない。しかし、大きなビルは重くなるので、沈む可能性がある。また、敷地が広い場合、ある個所は固いが、ある個所はやわらかいということも考えられる。そんな所に何の処置もせずに建物を建ててしまうと、やわらかい個所だけが沈み、建物が傾いたり折れたりすることも考えられる。この現象を不等沈下という。

　こういうことを避けるためには、まず地質を調査したうえで、それに合った基礎をつくる必要がある。

　地質の状態を調べるために、地盤に細長い穴を掘って調査する方法がよくとられる。これを、ボーリング（boring:穴を掘るという意味）という。ボーリングの穴を利用して地質調査する方法はいくつかあるのだが、小規模な建築でもっとも多く用いられているのは、貫入試験という方法である。

　地盤がどのくらいの重さに耐えられるかという地耐力（N値）は、$1m^2$の面積に乗せることのできる重さ（$ton/m^2$）で表される。それを測る手段として、穴の中にサンプラーという細長い器具を差し込み、上から重さ63.5kgのハンマーを75cmの高さから落として打撃を与え、30cm打ち込むのに何回ハンマーを落としたかを数える。この回数をN値に置き換えて考えるのだ。砂によって形成されている地層の場合、一般的にハンマーを落とした回数が10以下だとゆるく、30以上あれば固く締まっているとされている。

# 不等沈下と地質調査

## ■不等沈下とは

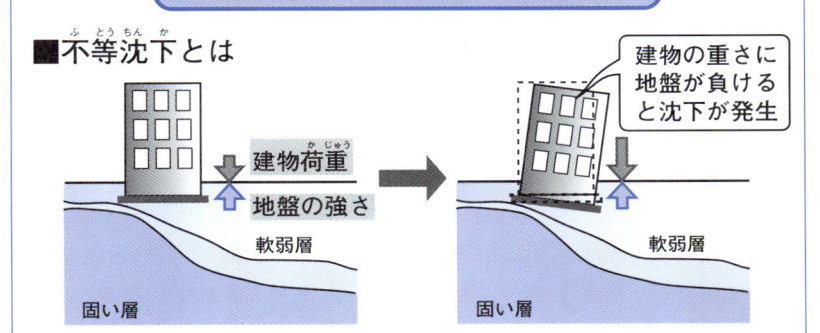

建物の重さに地盤が負けると沈下が発生

建物荷重
地盤の強さ
軟弱層
固い層

## ■貫入試験の方法

### 標準貫入試験

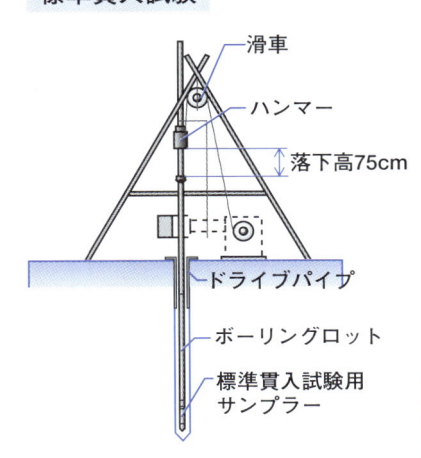

- 滑車
- ハンマー
- 落下高75cm
- ドライブパイプ
- ボーリングロット
- 標準貫入試験用サンプラー

63.5kgのハンマーを75cmの高さから落として打撃を与え、30cm入るのに要した回数をN値とする。

### N値と土の特性

| N値 | 状態 |
|---|---|
| 砂 質 土 | |
| 10以下 | ゆるい |
| 10～30 | 中位 |
| 30以上 | 締まっている |
| 粘 性 土 | |
| 4以下 | やわらかい |
| 4～8 | 中位 |
| 8～30 | 固い |
| 30以上 | 固まっている |

N値=1は、長期にわたって1ton/$m^2$の重量がかかっても耐えられるということ。

# 地盤を整える

## ～敷地造成の目的～

　地盤の状態を調べたあとに、必要に応じて地盤を整える工事を行なう。この作業を敷地造成という。敷地造成の目的には、前述した地盤沈下を防ぐこと以外にもいろいろある。

　たとえば、地下水の問題。地盤には水が含まれていて、土を掘っていくと水がしみ出てくる。さらに掘り続けると水がたまる。このたまった水面の位置を、地下水位といい、普段の地下水位が2、3mの地盤だと、梅雨の時期には1mくらいになる。そんな所へ地下室などをつくると、部屋に水がしみ込んでくるし、大雨が降って地下水位が上がると、地上に水がたまって、玄関から家の中に水が入ることも考えられる。こんなことを避けるために、雨水がうまくはけるように工事をする必要がある。

　また、地崩れ、崖崩れの心配がある傾斜地のまわりに家を建てるときは、平地よりも造成がたいへんだ。芝などの植物で斜面を固めたり、コンクリートやモルタル、石のブロックなどで土を押さえたりして崩れるのを防ぐ必要がある。

　住宅では、それほど大がかりな敷地造成を行なうことはないが、橋や道路などの土木工事や、工場などの規模の大きな建築物の場合は、地盤を固める薬剤を注入したり、地盤を上からたたきつけてあらかじめ地面を沈めたりして安定させることもある。また、地中へバイブレーターという機械を打ち込み、地盤に振動を与え、水を抜いて地盤を固めるという方法をとったり、さらには、山の砂や砂利をもってきて徹底的に地盤を交換したりすることもある。そこまでいくと、建物よりも敷地造成のほうにお金がかかることもある。

# いろいろな敷地造成の方法

## ■地下水位が高い場合

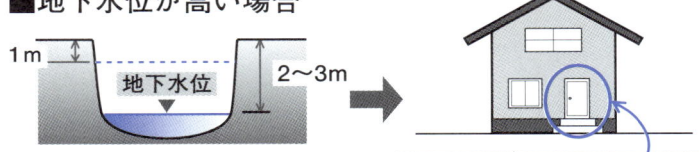

1m / 地下水位 / 2～3m

普段の地下水位が約2～3mだと雨期には約1mになる。

玄関を通常より高い位置にするなど設計上の配慮が必要。

## ■地崩れ、崖崩れの心配がある場合

傾斜地のまわりに家を建てる場合

コンクリートやモルタル、石のブロック等で地盤を押さえる

芝などの根の強い植物で地盤を押さえる

## ■大きな工事では徹底的に地盤改良することもある

地盤改良の方法のひとつ、サンドドレーン工法

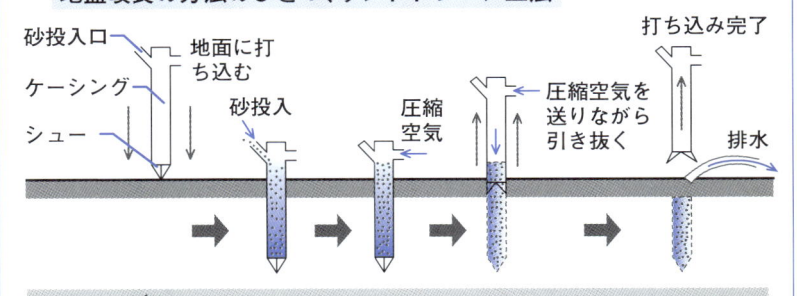

砂投入口 / ケーシング / シュー / 地面に打ち込む → 砂投入 → 圧縮空気 → 圧縮空気を送りながら引き抜く → 打ち込み完了 / 排水

地盤に砂の杭(くい)を入れると、地盤の中の水は砂を通って上がり、ふき出して流れていく。地盤を締める工法のひとつ。大きな建築物の場合、このように砂の杭に強制的に圧力を加え、地盤改良を行なうことがある。

# 水平を決める作業

### ～水盛り、遣り方～

　地盤を整える作業を行なっても地面は完全に水平になっていないことが多い。かたむいた土地にそのまま建物を建てれば、当然建物もかたむいてしまう。そこで行なわれるのが、水盛り(みずもり)という作業である。

　工事現場で、ひざ丈くらいの杭(くい)がいくつも立っているのを見たことがないだろうか。あの杭を水杭(みずぐい)といい、これから建てる建物のまわりに打っていく。そして、レベルという器械を使って、杭の同じ高さ（地面から同じ高さではなく、同一水平点）に印をつける。そこに水貫(みずぬき)という板を打ちつける。水貫は水平になっているので、地面を掘るときは、この水貫を目安にしていく。

　この一連の作業を、水盛りという。水という字が使われているのは、かつては、実際に水を盛って水平を確かめていたからだ。現在では、測量(そくりょう)に使われるレベルや水準器を使って水平を決めている。

　それから、遣り方(やりかた)という作業に入る。遣り方とは、水盛りで打った杭や板を使って、建物の基礎や柱、壁の位置の目安をつけることだ。地面に地縄(じなわ)と呼ばれる縄を張って、建物の大きさや掘る位置を示しておくのだが、地面を掘るときに縄も一緒に掘ってしまうので、縄はなくなってしまう。そこで、掘る前に地縄に重なるように、水貫と水貫のあいだに水糸と呼ばれる糸をはる。これは、水平を示すためのもので、この水糸にしたがえば水平に地面を掘ることができる。

　工事はこの印にしたがって進められていく。水盛り、遣り方というのは、建物の出来を左右するとても重要な作業なのだ。

---

3　建物を建てる環境を整える

# 地面を掘る目安をつくる

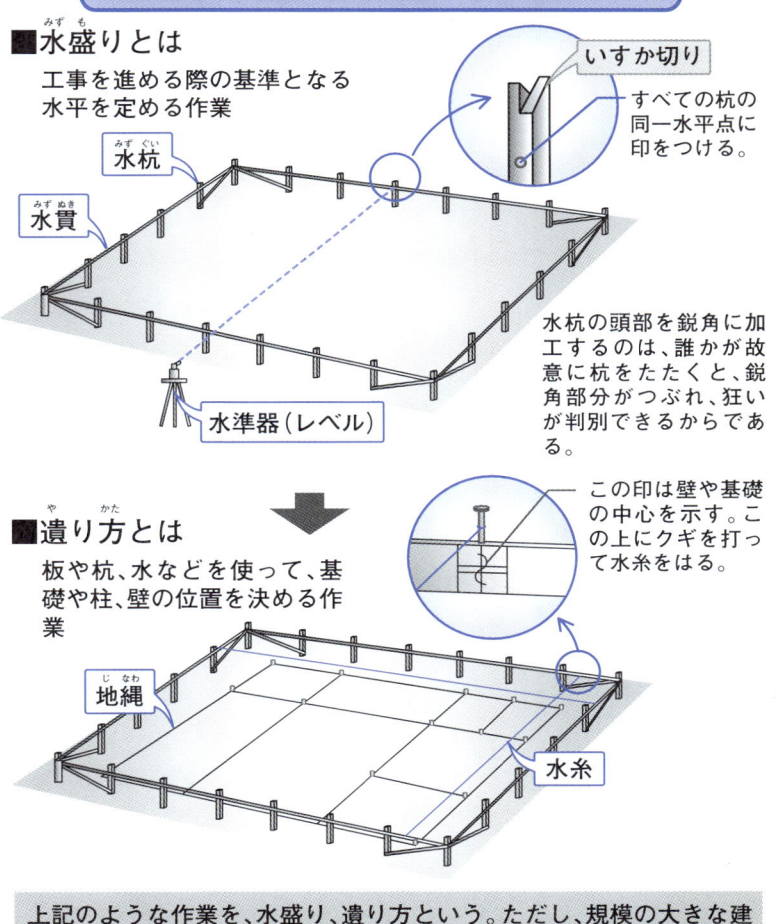

## ■水盛りとは
工事を進める際の基準となる水平を定める作業

**いすか切り**
すべての杭の同一水平点に印をつける。

水杭
水貫
水準器（レベル）

水杭の頭部を鋭角に加工するのは、誰かが故意に杭をたたくと、鋭角部分がつぶれ、狂いが判別できるからである。

## ■遣り方とは
板や杭、水などを使って、基礎や柱、壁の位置を決める作業

この印は壁や基礎の中心を示す。この上にクギを打って水糸をはる。

地縄
水糸

上記のような作業を、水盛り、遣り方という。ただし、規模の大きな建築物などではこの作業をせず、測量器により高低を定め、壁や基礎の中心位置は杭などを設置して示すことが多い。

# 基礎をつくる場所を掘っていく

## ～根切り、山留め～

　地下室がある建物はもちろん、地下室のない建物でも基礎は地中に設けるので、地盤を掘らなくてはならない。建築では地面を掘ることを根切りといい、基礎をつくる場所を溝の形に掘っていく。

　根切りの深さや幅、掘り方は、基礎の形によって違う。また、手で掘る場合と、バックホーなどの機械で掘る場合とがあるが、最近では住宅の工事にも、機械を使うことが多くなってきた。

　掘るときに注意したいのが、まわりの土の崩壊や、地盤沈下による周囲の建物への影響だ。建築基準法では、深さ1.5m以上の根切り工事をする場合、もしくはまわりの地盤の崩れるおそれがあるときは、山留め工事を行なうように定められている。山留めというのは、溝の両側の土が崩れないようにすることである。この山留めにもいろいろな方法があり、地盤の状態や敷地の広さなどによって使い分けられている。

　たとえば、法付けオープンカット工法では、法面（根切りによってできた斜面のこと）をつくることによって土が崩れるのを防ぐ。図のとおり、法面を残すためには、その分よけいに面積を必要とする。敷地に余裕のある場合にのみ可能な工法である。

　それが無理な場合は、まわりの土が崩れないように、山留め壁と呼ばれる板で土を押さえる。山留め壁を使う方法には、山留め自立工法と山留め支保工設置工法とがある。前者は、比較的、土や地下水の状態がよい場合に用いる。土の圧力が大きく、壁の倒れる可能性がある場合は、後者の方法で縦横に梁を組んで壁を支えねばならない。これが終わったら、基礎工事に入る。

3　建物を建てる環境を整える

## まわりの土を崩さないように

### ■根切り

基礎を設けるために地盤を掘る作業。以前は手掘りだったが、最近はほとんど機械で掘る。

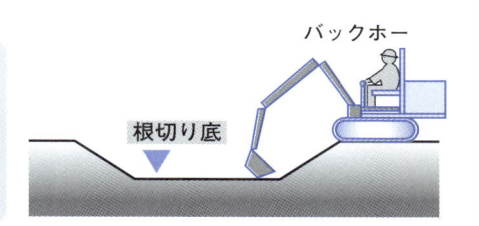

バックホー
根切り底

### ■山留め工事のいろいろ

**法付けオープンカット工法**

法面

傾斜をつけて土の崩壊を防ぐ。施工能率はよいが、掘削土量、および埋戻し土量が多いので敷地に余裕が必要になる。

**山留め自立工法**

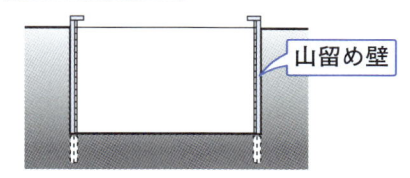

山留め壁

法付けオープンカットが無理な場合、板で土を押さえる工法をとる。一般的には、浅い掘削に限定される。

**支保工設置工法**

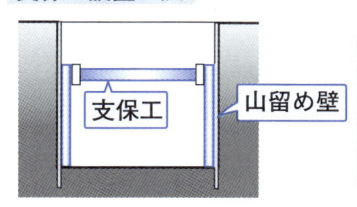

支保工
山留め壁

深く掘る場合や軟弱地盤の場合は、山留め壁の変形を防止するために支保工と呼ばれる棒で壁を支える。

## 火が燃え移りにくい材料を使ってますか？

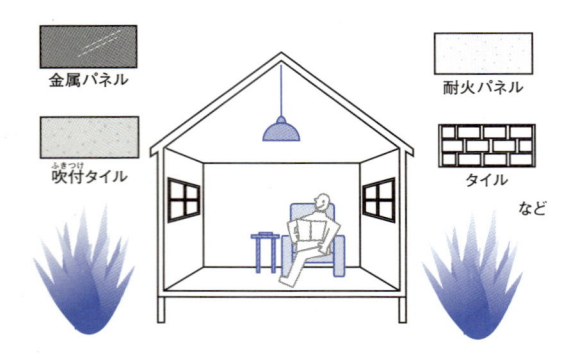

金属パネル
耐火パネル
吹付タイル
タイル
など

　部屋で火事が起こると、まず可燃性ガスが発生する。このガスはある温度に達すると急激に燃焼し、この火によって壁や床に穴が空き、外から空気が流れ込み、一気に火事が大きくなる。また、この状態に達すると、ほかの建物へ広がる可能性が高くなる。この延焼を防ぐためには、構造部材に吹きつけタイルやラスモルタル、軽鉄サイディングなどの防火材を施すのが効果的だ。

　木造建築物の場合は、骨組の木材に火が届くのを防ぐために、床や壁の下地にセメント板や石膏ボードなど燃えにくいものを使用する。火が移りやすい屋根裏にも防火材料を施すことが大事である。鉄骨は、むき出しだと400℃くらいになると強さが半分以下になってしまうので、主要鉄骨は耐火材料で覆う必要がある。コンクリートは、そのままでも耐火性にすぐれている。

# Chapter 4

# 建物の構造と設備

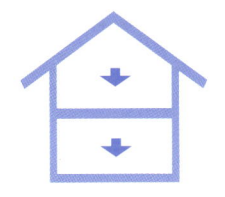

# 建物を設計する

## ～施主の要望に応じて～

　この章では、建物の構造や設備などのしくみを中心に見ていこう。

　家を建てることを決めたあと、設計事務所に相談する場合と、施工業者に直接頼みに行く場合とがある。こんな家に住みたいと施主がとくに要求を持っている場合や、ちょっと凝った家にしたい場合などは、設計料を払って設計事務所に相談する。ごく一般的な住宅の場合は、ハウスメーカーなどの施工業者に直接頼む場合が多い。

　1章で、設計する人は大きく、意匠屋さん、構造屋さん、設備屋さんの三者に分かれると書いたが（32ページ参照）、住宅の場合は、意匠屋さんが施主の話を聞いて、計画を立てる場合が多い。ただし、構造屋さんや設備屋さんの専門知識が重要になる場合は、構造屋さんか設備屋さんが中心になって施主との交渉を行なうこともある。

　たとえば、敷地の傾斜が大きかったり、崖の付近に建設したりする場合は、建物の安全性が最大のポイントとなるので、構造屋さんが中心となって施主と話し合いをすることが多い。また、家に貴重な美術品を置くから防犯に気をつけたい、ソーラー発電をとり入れたいなどという場合は、設備屋さんがメインになることが多い。

　では、家を設計するとき、何をポイントに話を進めていけばいいのだろうか。一番重要なのは、その家にどんな年齢の人が何人住むのかということだ。それから、何人くらいのお客さんが遊びに来たり、泊まりに来たりするのか。これで、家の面積や間取りが決められる。それからもちろん、おおまかな予算。こういったことをはじめに確認し、そこから先は、日当たりや防犯設備など、個人的な要望を反映させて設計するのである。

# 設計の仕事

## ■施主と設計事務所、施工業者の関係

ごく一般的な家を建てたいとき

施工業者 ← 依頼 ― 施主
ふつうの家

ちょっと凝った家を建てたいとき

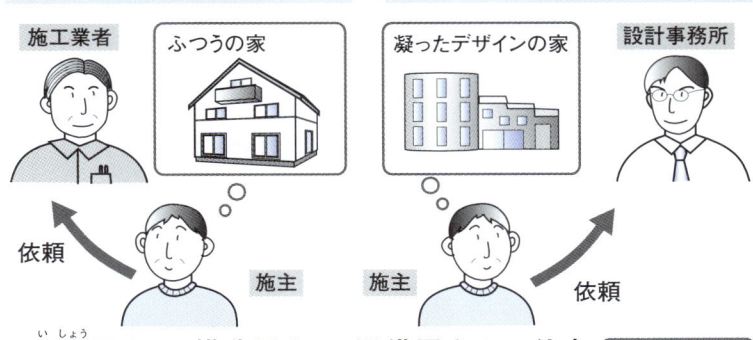

凝ったデザインの家
施主 ― 依頼 → 設計事務所

## ■意匠屋さん、構造屋さん、設備屋さんの仕事

通常の場合

意匠屋さん ←交渉→ 施主

施主との交渉を経て、意匠屋さんが建物の図面をおこしていく。

特殊な条件の場合

構造屋さん・設備屋さん ←交渉→ 施主

斜地に家を建てるなど、特殊な場合

構造屋さん・設備屋さんの専門的な知識を得て、意匠屋さんが図面をおこしていく。

## ■住宅を設計するときのポイント

①何人住むのか？ ②どんな年齢の人が住むのか？ ③一番多いときどのくらいのお客さんが来るのか？ ということが一番大切なポイントである。

# 構造計画と構造設計

### 〜どんな構造にするか〜

　どんな建物でも、まず骨格を形成してから、それを基に全体をつくっていく。設計の最初のステップでは、建物の骨格を決める構造計画が行なわれる。

　まず、構造屋さんは、地盤がどのような状態なのか、建物にはどんな荷重がどのくらいかかるのかといった、建設する際の条件を洗い出す。そのうえで、安全性を確保し、建物をどんな構造にするか、どんな材料を使うか、どのような工法で進めるかといったことを決める。この作業を構造計画という。

　構造計画でだいたいの構造を決めたあと、それに基づいて建物の構造をさらに細かく分析していく。これを構造設計といい、地盤の状態や気候、建物の各部にかかる荷重といった、いろいろな個所のいろいろな条件でのデータを分析して、力学に基づいてどこにどんな力がどれだけかかるかを計算していくのだ。

　たとえば、部材が1cm以上たわまないためには、どの位の断面積の部材を、どのように組めばよいのか、といったことを計算する。このような細かな計算を積み重ねて、建物の工法や、部材の選択、基礎の構造、建物の骨組、部材同士のつなぎ方などの設計をしていく。さらに、高層ビルでは、強風が吹いたときに、地震が起こったときに、どのように建物がゆがむかといった計算も、重要なポイントになる。

　このように構造の細部まで綿密に設計したものを構造設計図書としてまとめ、これに基づいて施工を行なうのである。

# 建物の骨格を決める

## ■構造計画とは

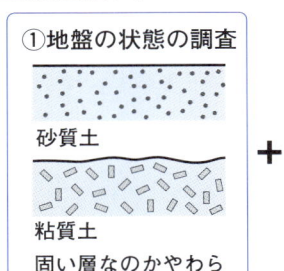

### ①地盤の状態の調査

砂質土

粘質土

固い層なのかやわらかい層なのかといった地盤の検討

### ②荷重の計算

固定・積載荷重や、地震・風などによって建物にかかる負荷の検討

→ 工法・材料・構造 を決める

## ■構造設計とは

建物の構造をさらに細かく分析し、最終的に骨組の細部までを決定する。これを構造設計という。

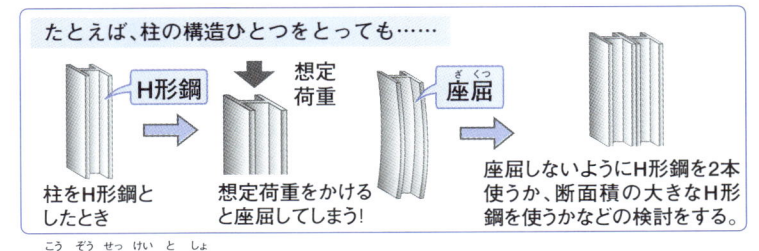

たとえば、柱の構造ひとつをとっても……

柱をH形鋼としたとき → H形鋼 → 想定荷重をかけると座屈してしまう! → 座屈 → 座屈しないようにH形鋼を2本使うか、断面積の大きなH形鋼を使うかなどの検討をする。

## ■構造設計図書の完成

構造計画 → 構造設計 → 構造設計図書の完成

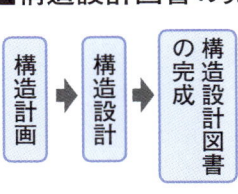

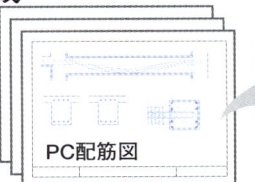

PC配筋図

軸組図や鉄骨詳細図、配筋詳細図等、最終的な細かい構造を図面にする。

# 基礎にかかる力を計算する

### ～直接基礎・杭基礎～

　3章で説明したように、建物を建てる前には、地盤の調査をし、地盤を整え、それから基礎をつくる。この基礎の形にもいろいろあるのだが、それらがどのようにして決められるのかを見てみよう。

　まず住宅の場合、地耐力が5ton/m$^2$（地盤が1m$^2$あたり5tonの重量まで耐えられる力を持っているということ）なら、標準の布基礎を使うことが多い。布基礎というのは、柱と柱のあいだに基礎梁を設け、その下にフーチングと呼ばれる広がり部分を設けたもので、断面は逆T字型になっている。別に、布を使っているわけではなく、ここでいう布とは、水平あるいは連続、つまり横に長くつながっているという意味だ。

　地耐力が3～5ton／m$^2$のやや軟弱な地盤の場合、標準の布基礎だとちょっと心配なので、フーチングの幅を広げる。地盤に接する面積を大きくして、建物が沈下するのを防ぐのだ。

　もっと弱い地盤の場合、地耐力が2～3ton／m$^2$程度の場合は、布基礎では間に合わないので、ベタ基礎と呼ばれるものにする。ベタは全面という意味。つまり、建物の床下全面にコンクリートを流し込むのだ。こうすれば、不等沈下（104ページ参照）を防ぐことができる。しかし、布基礎にくらべて基礎そのものの重量が大きくなり、地盤にめり込みやすくなるので、設計する際にはそういうことも考慮に入れなければならない。

　さらに地盤が軟弱で、かなり深く掘らないと固い地盤の層があらわれない場合は、杭基礎といって、地盤に何本もの杭を打ち、それらに建物を固定し、建物を支えるという方法をとる。

# 地盤と基礎の関係

## ■布基礎

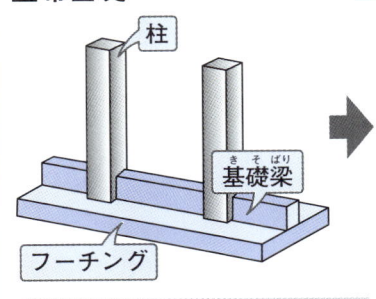

- 柱
- 基礎梁
- フーチング

柱に沿って水平にフーチングを設けたもの。一般的な住宅に多く用いられる。

## ■フーチングをやや広げたもの

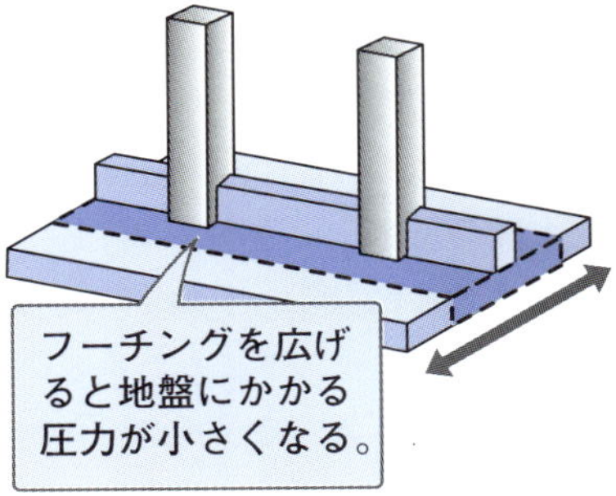

フーチングを広げると地盤にかかる圧力が小さくなる。

地耐力が3〜5ton/m²のやや軟弱な地盤の場合、用いられる。

## ■ベタ基礎

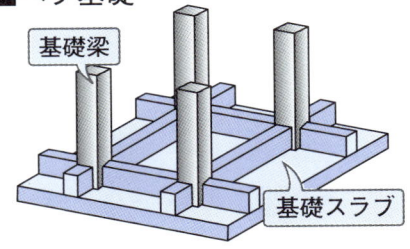

- 基礎梁
- 基礎スラブ

建物の床下全面にコンクリートを打ったもの。地耐力が2〜3ton/m²の軟弱な地盤や、地下室がある建物などに用いられる。

## ■杭基礎

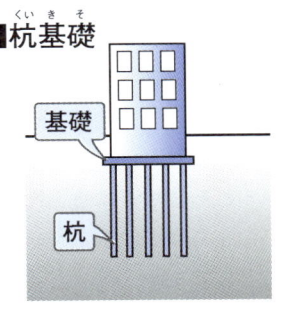

- 基礎
- 杭

さらに軟弱な地盤の場合、何本もの杭を深い位置まで打って建物を支える。

基礎の形式は、地盤の状態と建物の重量の兼ね合いによって決められる。

# 骨組にかかる力を考える①

### ～弾性と塑性～

　右図のAの梁に乗ってみる。するとぐーんと下方向にたわむ。もちろんこれは、わかりやすくするために極端に表したものだが、人間の重さという荷重(かじゅう)によって梁が曲がり、梁の上部では圧縮力が、下部には引張力(ひっぱりりょく)が働く（42ページ参照）。

　下りると、下にたわんでいた梁は元通りにまっすぐに戻る。この元に戻る現象は、梁の「弾性(だんせい)」という性質によって起こるものだ。外からの力によって変形したあと、力が取り除かれたら変形が完全に戻る性質のことである。

　次にBの梁に乗ってみよう。同じように下にたわむ。しばらくして下りる。しかし、こちらは完全には戻らない。元のまっすぐな状態よりちょっと下にたわんだ状態になっている。これは、梁の「塑性(せい)」という性質による。梁にとって荷重が大きすぎる場合や、梁の材質に弾力がない場合に、こういった現象が起こる。

　どんな物質にも弾性があり、ある重さまでは、その荷重をはずすと元の形に戻る。しかし、限界に達すると、塑性によって荷重をはずしても戻らないような変形を起こす。さらに荷重をかけ続けると、破断する。その関係は右のグラフのとおりである。コンクリートや石など、荷重がかかってもなかなか変形せず、変形し始めたらすぐに破断するものもあるし、断面の大きい鋼鉄(こうてつ)のように、比較的大きな荷重がかかってもしばらく弾性を示し、塑性状態になってもなかなか破断に至らないものもある。どんな建物も、建材が変形しても弾性範囲内におさまるように設計されているのだ。

# 荷重による変形

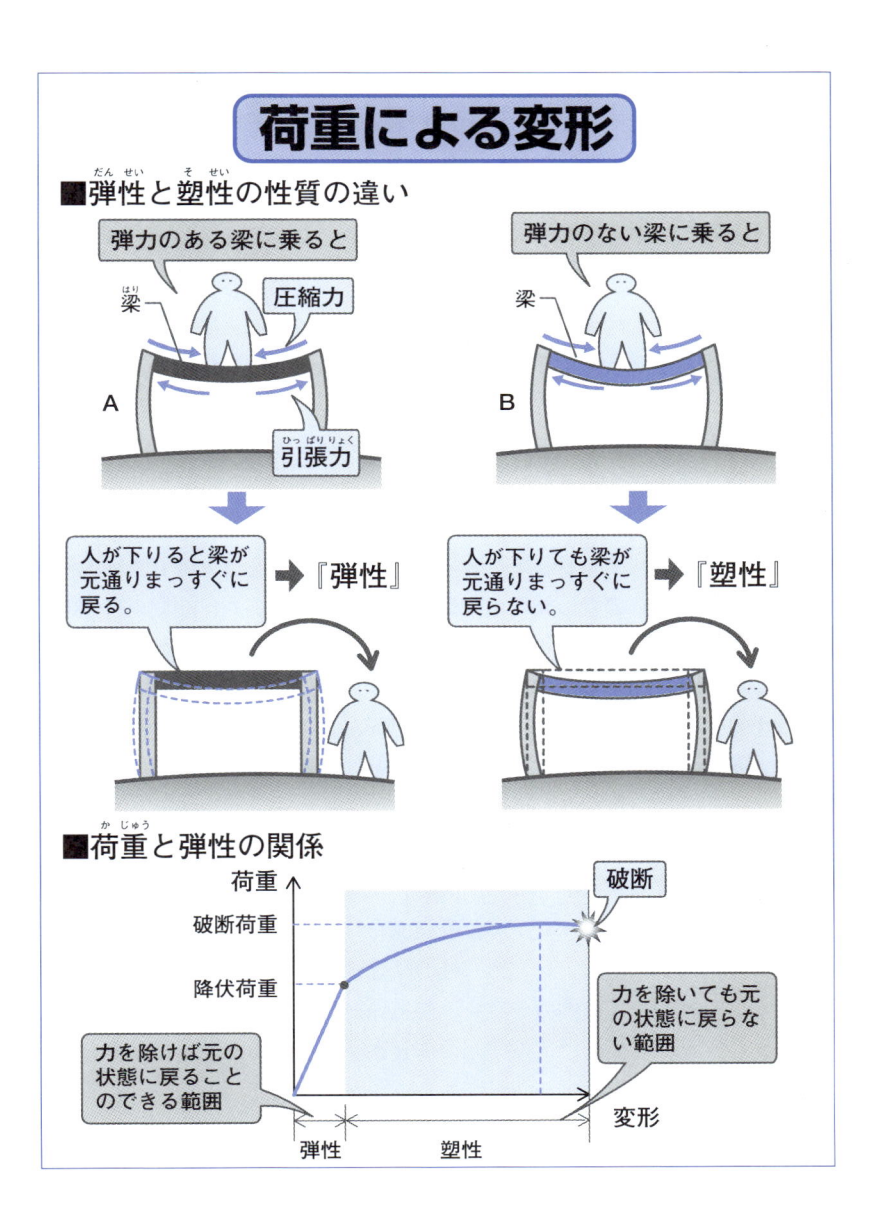

## ■弾性と塑性の性質の違い

**A**: 弾力のある梁に乗ると — 圧縮力／引張力／梁

**B**: 弾力のない梁に乗ると — 梁

人が下りると梁が元通りまっすぐに戻る。 → 『弾性』

人が下りても梁が元通りまっすぐに戻らない。 → 『塑性』

## ■荷重と弾性の関係

荷重／破断荷重／降伏荷重／破断／変形

力を除けば元の状態に戻ることのできる範囲 — 弾性

力を除いても元の状態に戻らない範囲 — 塑性

# 骨組にかかる力を考える②

### ～座屈と崩壊～

　では、今度は柱について考えてみよう。図のように、材質が同じで、短く太い柱Aと長細い柱Bがある。この柱に人間が乗ったとする。すると、Aのほうは、肉眼で見えるほどの変化はないが、微細に観察すると上下方向に縮む。一方Bは、横のほうにもたわむ。

　これらの柱にとてつもなく重い物が乗ったとしよう。すると、Aはその重さに耐えきれず、縦方向につぶれてしまう。Bは柱がたわみ、Aが壊れるよりも小さい力で湾曲してグニャッと折れてしまう。このように、同じ材料でできた柱でも、形が違えば、壊れ方が違うのである。Bの柱に起こった現象を座屈という。Aに座屈が起こらないことからもわかるが、座屈という現象は、同じ断面積の柱では、細長いほど起こりやすい。鉄骨は強度が高いので、柱も細くできるのだが、その分、座屈には注意が必要だ。また、座屈は柱だけに起こるのではなく、たとえば薄い板などにも起こるので、設計の際には、十分に注意しなくてはならない。

　座屈が起こるかどうかの予測には、部材の圧縮応力や細長比の関係などを考慮する。部材の断面にかかる圧縮荷重をP、柱の断面積をAとすると、P÷Aで単位面積あたりの力があらわされる。これを圧縮応力と呼ぶ。そして、柱の断面積に対する長さを細長比という。一般的に圧縮応力が高く、細長比が大きいと、座屈が起こりやすい。とくに大きな荷重がかかるときや、断面を小さくしたいときには、微細に検討する必要がある。

# 部材の断面積と長さの関係

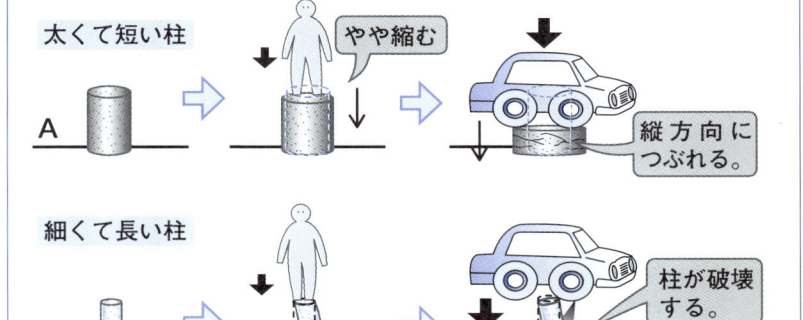

■座屈とは？

太くて短い柱

A → やや縮む → 縦方向につぶれる。

細くて長い柱

B → 横方向にたわむ → 柱が破壊する。『座屈破壊』

■圧縮応力と細長比

圧縮応力（$\frac{P}{A}$）：単位面積あたりの力

細長比：柱の断面の曲げに対する長さ

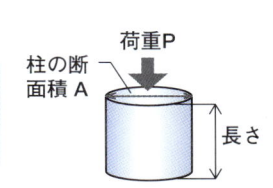

荷重P / 柱の断面積A / 長さ

■座屈が起こる要素

- 圧縮力の大きさ
- 細長比の大きさ
- 断面の形による曲がりにくさ

これらが大きく関係する。

# 三角形を利用した構造

### ～トラスという構造骨組～

　右図のような梁がある。上から荷重がかかると梁が曲がり、梁の上部では圧縮が、下部では引張応力が発生する。鋼鉄部材だけでは断面が小さく曲げに弱いので、梁が細いと荷重に耐えきれず折れてしまう。だったら梁を太くすればいいのではないかと考えるかもしれないが、梁を支える柱も太くしなければならなくなるので、不経済だ。そこで、「トラス」が考えられた。橋の部材が三角形の連続で組まれているのを目にしたことがあるかと思うが、あれがトラスである。

　トラスとは、簡単にいうと、部材を三角形に組み合わせ、それをいくつもつないだ形のものだ。部材と部材をとめる接合部分は完全に固定しておらず、回転に対して強い抵抗をしない構造にしてある。接合部分は動かないようにとめないと危ないと思う向きもあるだろうが、この接合方法には理由があるのだ。

　図のようにＡＢＣ3本の棒を三角形に組んで、ａ点を上から押す。このとき、ａを中心にしてＡＣの棒は動くことができる。ガチガチに固定されて回転できなければ、ＡＣに曲げが発生する。しかし、回転できるのだから、ＡＣには圧縮が、Ｂには引張がかかり、曲げモーメントは発生しない。曲げに対する対策が必要ないため、設計解析が簡単にでき、かつ思わぬ応力集中が起こる可能性が少ないので安心である。これがわかりやすく単純化したトラスの原理だ。

　この三角形のアイデアを用いて、いくつもの三角形を組み合わせることによって、高い塔や長い橋、大きな建物をつくることが可能なのだ。

# 曲げを発生させない構造

## ■曲げが発生する構造の場合…

梁　荷重　圧縮力　引張力

曲げに弱いので、折れてしまう。

梁を太くすると、コストがかかる。
＝不経済

## ■三角形の構造の長所

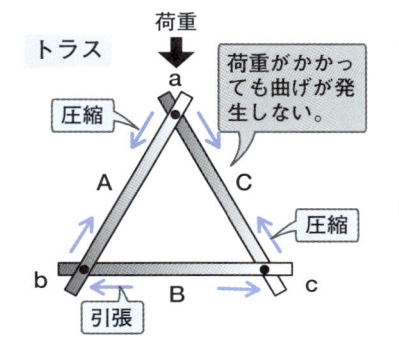

トラス
荷重
圧縮　A　C　圧縮
b　B　c
引張

荷重がかかっても曲げが発生しない。

### a、b、cががっちり固定されている場合

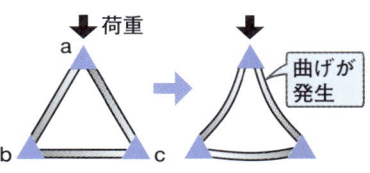

荷重
a
b　c

曲げが発生

トラスの部材同士が固定されていれば、トラス構造でも曲げが発生してしまう。

## ■いろいろな建物に使われているトラス構造

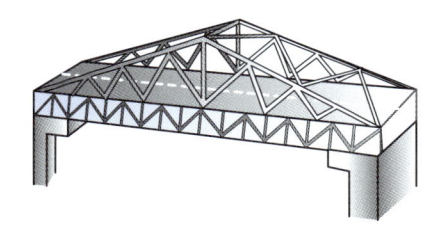

トラス構造は各部材断面を必要最小限まで節約できるため、自重を軽くすることができる。そのため、橋や工場のような大規模な構造物に多く用いられる。

# 接合部分をしっかり固定する

### ～ラーメン構造～

　トラスは、接合部が固定されていないため、各部材の接合点が多少回転できる。これに対して、接合部分のしっかり固定されている構造をラーメンという。この2つの構造はどう違うのだろうか。

　3本の部材を使って三角形をつくる。トラスは接合点が固定されていないので、上から押しても部材に圧縮力と引張力しかかからず、曲げが発生しない。一方ラーメンは、各部材が動かないようにa点もb点もc点もしっかり固定されており、3本の部材は一体となっている。このとき、a点に荷重をかけると、部材ＡＢＣに曲げモーメントが発生して、それぞれ曲がって荷重に耐える。

　ラーメンでは、あえて曲げモーメントを発生させるのだ。これでも構造物が成り立つのは、曲げが生じても壊れないような、強度の大きい部材の開発や、接合方法の向上などのおかげだ。さらに、コンピュータ解析の進歩も大きく貢献している。鋼材をラーメン構造に組んでいくと、どこにどのような応力が発生するかを、正確にはじきだしてくれるのだ。

　トラス構造は、お互いの部材が支え合って容易に崩れることがないという三角形の強さを利用した、曲げの発生しない接合法だ。一方、曲げを発生させるラーメンは、トラスのように三角形に組んでいく必要はない。図のような四角の構造で、必要な部分にだけ、曲げに負けない太くて丈夫な部材を用いればよい。トラスは一般的に1つ1つの部材は軽いが、本数が多くなる。逆にラーメンは1つ1つの部材は重いが本数は少なくてすむ。どちらが部材を節約できるかは、建物の規模や形、用途などによる。

# あえて曲げを発生させる

## ■ラーメンとトラスの違い

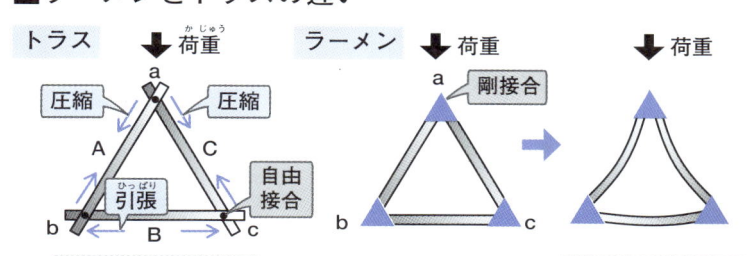

トラス　↓荷重

圧縮／圧縮
A　C
引張
b ── B ── c
自由接合

曲げが発生しない

ラーメン　↓荷重

a
剛接合
b　c

↓荷重

曲げが発生する

## ■あえて曲げを発生させるラーメン構造

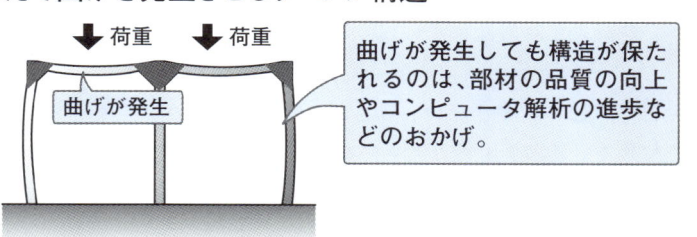

↓荷重　↓荷重

曲げが発生

曲げが発生しても構造が保たれるのは、部材の品質の向上やコンピュータ解析の進歩などのおかげ。

## ■ラーメンはこんな構造

ラーメン構造のビル

部材1つ1つは重いが、本数は少なくてすむ。

トラス構造を用いたビル

部材1つ1つは軽いが、本数はたくさん必要。

# 地震にそなえるための構造

### ～剛構造と柔構造～

　日本は地震の多い国だ。建物の構造は地震のことを考慮したものでなくてはならない。背の高い建物ほど耐震対策が重要だ。耐震の構造には、剛構造と柔構造がある。これについて説明しよう。

　剛構造は、文字どおり強くて固い構造である。たとえるなら、地震のゆれを真っ正面から受け止めて抵抗するタイプといえる。建物の柱や梁などの部材は太く、しっかり固定されていて、地震が来ても建物自体は変形せずに建物全体がゆれるようになっている。

　地震のときの剛構造の建物の動きを見てみよう。地面が横に動くと、一瞬のあいだに地面のゆれに従って建物も横に移動する。このとき、ビルの高さが高いほど、上層階のゆれが大きくなることもありうる。この上層階の大きくゆれる力が、地盤と建物をつなぐ力や、低層階同士のつなぎあう力を上回ると、建物が折れてしまう可能性がある。

　これに対して柔構造は、しなやかでやわらかい構造だ。剛構造にくらべると、接合方法はほぼ同じだが、部材が細い。地震のゆれに抵抗せずにムチのようにしなり、地面がゆれると、1階、2階、3階……と順にやや時間をズラしながらゆれていく。そして、次の瞬間に地面が逆方向に動くと、それにつれて1階、2階、3階……と動いていく。これをくり返し、地震が終わっても建物はしばらくゆらゆらゆれている。

　柔構造のほうが骨組にかかる力が小さいので、超高層ビルに多く採用されている。いまの時代、背の高い建物は、地震のゆれをがんばって耐えずに、ふんわり受け止めるようになっているのだ。

# 地震と建物の構造

## ■剛構造と柔構造

地震が起こると…

1つ1つの部材を強く固定し、建物自体はどこも曲がらない

建物が少しゆれることで、地震によってかかる力を軽減する

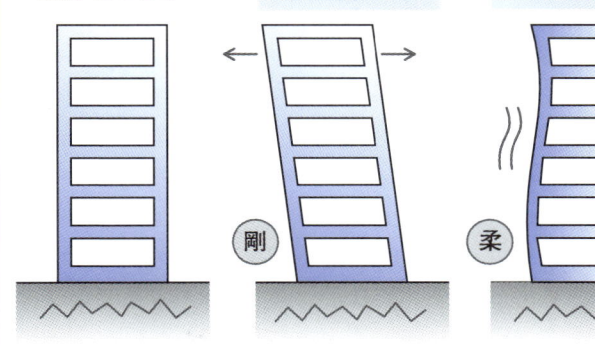

剛

柔

建物自体は変形せずに全体がゆれる。

時間をズラしてしなるようにゆれる。

ビルの重量を図で示すと…

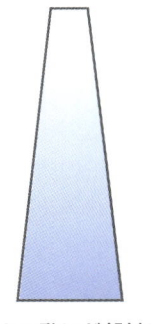

剛

柔

上の階ほど部材は軽くなる。

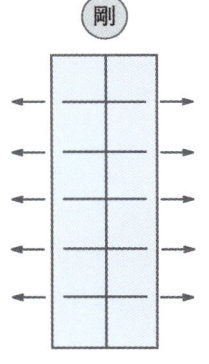

下と上は同時にゆれる。

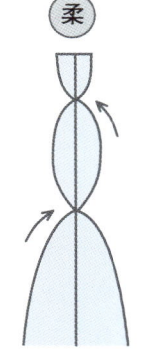

上の階と下の階で少しずつ時間がズレてゆれが伝わっていく。

# 制振構造のしくみ

## ～地震のゆれを吸収する～

こういった耐震構造は、いまやビルの建設に不可欠な技術だが、さらにこれにプラスして、制振装置や免震装置といったシステムを取り付けている。これらを使った構造をそれぞれ制振構造、免震構造と呼んでいる。

制振構造とは、建物の中に地震のゆれを吸収する装置を取り付け、建物のゆれを少なくするというものである。たとえば、右図のように、建物の中に液体の入ったU型の器を置く。地震が来て建物が横にゆさぶられる。すると器の中の液体は、片方がたっぷんと上がり、片方が下がる。次の瞬間、建物が逆方向にゆさぶられると、液体は逆のほうが上がり、もう一方が下がる。これがくり返される。建物がゆれる方向と逆の方向に液体が上がるようにすると、液体のゆれが建物の振動エネルギーを打ち消し、ゆれがだんだんとおさまっていく。簡単にいうと、これが制振装置のしくみだ。もし、地震による建物のゆれと同時に同じ方向に液体が上がると、建物のゆれはより一層大きくなってしまう。

実際にビルなどで使われている制振装置には、これ以外にもいろいろな種類がある。そのなかのひとつに、マスダンパー方式というものがある。これは、振り子をビルの頂上からつり下げたようなものだ。地震によってビルがゆれると振り子が共振し、ビルのゆれが軽減される。原理は先程の水槽と同じである。

また、地震発生時に即座に地震のゆれを感知して、その動きと逆方向に建物をゆらして振動を打ち消すという装置の技術も進められている。

# ゆれをおさえる制振装置

**制振(せいしん)構造とは**……建物に地震の振動を吸収する装置を設置し、ゆれをおさえるように設計された構造

## ■制振装置のしくみ

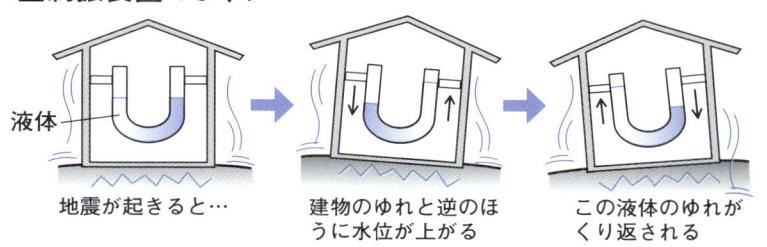

液体

地震が起きると…　→　建物のゆれと逆のほうに水位が上がる　→　この液体のゆれがくり返される

上記のような液体のゆれがくり返され、建物の振動を吸収し、ゆれが次第におさまっていく。制振装置のしくみの一例。

## ■マスダンパーのしくみ

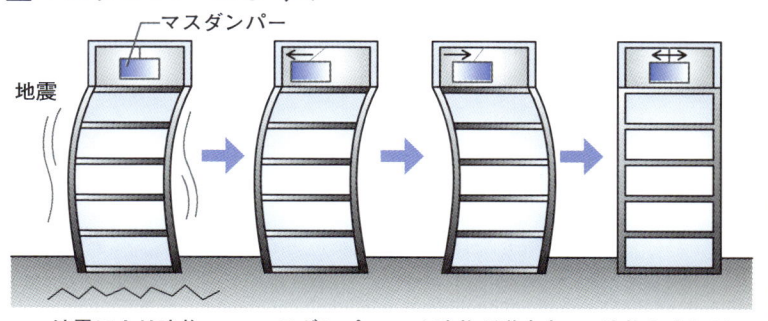

マスダンパー

地震

地震により建物がゆれる　→　マスダンパーが共振する　→　建物が逆方向にゆれる　→　建物のゆれがマスダンパーに吸収され止まる

振動を感知するとマスダンパーがゆれ、建物のゆれを吸収する。地震が止まるとマスダンパーもすぐに止まるようになっている。

# 免震構造の しくみ

### ～地盤と建物を断ち切る～

　現在では、価格の面から、前項で紹介した制振構造よりも、免震構造のほうが多く採用されている。免震構造は、地盤から伝わってくる地震のゆれをなるべく建物に伝えないようにしようという構造である。そのためには建物を宙に浮かせるのが一番だが、実際にそんなことはできないので、地盤と建物とのあいだにゆれを吸収する物を入れることによってゆれを軽減させるのだ。

　理屈としては、建物と地盤のあいだに大きなバネを入れるようなものだ。この状態で地震が起こり、地盤が激しくゆれても、建物は地盤ほど大きくゆれることはない。バネがあいだに入ると、地震のエネルギーが直接建物に伝わらず、地震のゆれが軽減されるのである。

　実際に免震構造に使われている免震装置は、このような単純なバネではなく、アイソレータとダンパーといった部材からできている。

　アイソレータは英語でisolator、つまり「絶縁」で、文字どおり地盤と建物を絶ち切る役目を果たしている。ゴムと鋼板を交互に何層も重ねた積層ゴムを使ったものが一般的である。

　たしかに、アイソレータによって地震のゆれは軽減されるが、これだけだと、建物のゆれがなかなか止まらない。そこで、ダンパーという、建物のゆれを減らすものを取り付ける。この2つの組み合わせによって、地震のゆれを建物の下の部分で吸収してしまおうというのが、免震構造である。

　制振構造や免震構造というのは、この十数年で普及してきた新しい技術であり、阪神淡路大震災のあと脚光を浴びるようになった。最近、こういった技術を取り入れた建物が増えている。

# ゆれを伝えない免震構造

免震(めんしん)構造とは……　地盤と建物のあいだに地震のゆれを吸収する装置をはさみ込み、地震のゆれを建物に伝えにくくするように設計された構造

## ■免震構造のしくみ

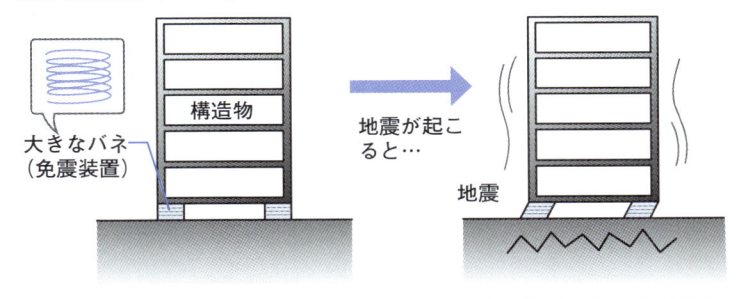

大きなバネ（免震装置）

構造物

地震が起こると…

地震

建物と地盤が直接接続しない。

免震装置によって、地盤のゆれが上へ伝わりにくい。

## ■実際の免震構造はどうなっているか

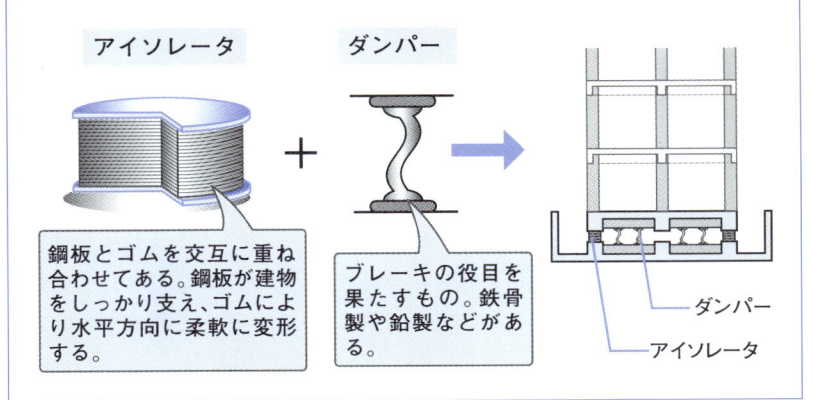

アイソレータ

ダンパー

鋼板とゴムを交互に重ね合わせてある。鋼板が建物をしっかり支え、ゴムにより水平方向に柔軟に変形する。

ブレーキの役目を果たすもの。鉄骨製や鉛製などがある。

ダンパー

アイソレータ

# 風に対する安全性を確保する

### 〜耐風設計とビル風対策〜

　最近は、地震にそなえるために柔構造(じゅうこうぞう)のやわらかいビルが増えている。そうすると、風の対策も考慮しなくてはならない。というのも、柔構造のビルは強風によって曲がり、負荷が生じるからだ。そこで重要になるのが耐風(たいふう)設計だ。

　耐風設計では、くり返し実験をして、できるかぎり正確な予測を立てることが必要だ。その実験のひとつに、風洞(ふうどう)実験がある。トンネルのような形の装置の中に、これから建設する予定の建物と、そのまわりの地形の模型をつくり、さまざまな方向から、さまざまな速度の風を吹かせ、建物への影響を調べるのである。この実験で得たデータに基づいて、部材を太くして構造体を強くしたり建物の外形を変えるなどの風対策の設計を行なうのだ。

　また、高層ビルにはビル風の問題がある。仮に、ビルの窓が全部開いていれば、ビルに風が当たっても、風は建物の中を通り抜けていく。しかし、通常ビルの窓は閉まっているため、風はビルの上下左右に回りこむ。すると、これらが集まって、巻き上げたり吹き下ろしたり、渦(うず)ができるなどの複雑な動きをし、ある個所では強風となる。これがビル風だ。

　これも、風洞実験でビル付近の風の流れを調べ、ビル風の発生しにくい形の建物にするなどの対策を立てている。たとえば、ビルの途中階に風を通すための穴を空けたり、ビルの外周に「つば」を付けた構造にしたり、ビルの外形を末広がりにしたりするなどだ。ビル風の問題は、もちろん周辺地域全体で取り組まなくてはならず、けっこう手間がかかる。

# 風と建築構造の関係

## ■風が建物に及ぼす影響とは

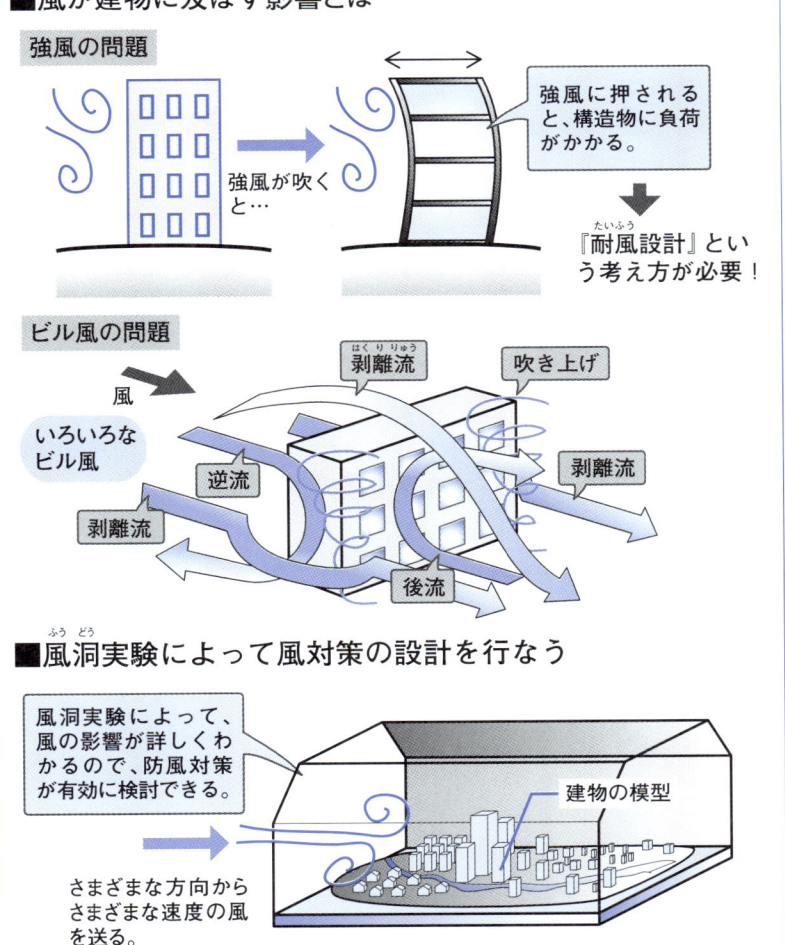

### 強風の問題

強風が吹くと…

強風に押されると、構造物に負荷がかかる。

→ 『耐風設計』という考え方が必要！

### ビル風の問題

いろいろなビル風

風

- 剥離流
- 吹き上げ
- 逆流
- 剥離流
- 剥離流
- 後流

## ■風洞実験によって風対策の設計を行なう

風洞実験によって、風の影響が詳しくわかるので、防風対策が有効に検討できる。

建物の模型

さまざまな方向からさまざまな速度の風を送る。

# 温度によって建物は伸び縮みする

### 〜温度変化への対策〜

　建築材料は、暑いと膨張し、寒いと収縮する。温度変化による材料寸法の増減はほぼ一定で、これを熱膨張係数という。コンクリートと鉄筋の熱膨張係数は約$10^{-5}$だ。温度の上昇によって伸びる長さは、部材の長さ×熱膨張係数×上昇温度で計算できる。長さ30mの鉄筋コンクリートが冬から夏にかけて30℃温度が上昇した場合、$30×10^{-5}×30=0.009$となり、9mmも伸びることになる。

　鉄筋コンクリートは、コンクリートと鉄筋という異なる材料を組み合わせたものだが、両者の膨張率がほとんど同じなので、1つの部材として使うことができる。しかし、建物は何種類もの部材が接合されてできており、部材によって膨張率が違うので、伸縮の幅は一定ではない。そこで、各材料の膨張率を測定し、建物にひずみが生じないようにうまく配置する必要がある。

　部材の接合は、膨張率を考慮して行なわなければならない。たとえば、パッキング材というゴムのようなものを部材と部材のあいだにはさんで使ったり、シリコーンペーストを部材と部材のあいだに詰めて使ったりする。部材が伸縮してもこれらが調節する役目をするので、全体の構造に大きな影響を与えることはない。

　また、学校のように、廊下や別棟が直角につながって建物がコの字型やT字型に配置されている場合、伸縮に対して適切な処置を施していないと、季節によって気温が変わり、部材が伸縮すると、連結部分に行き場のない大きな力が発生する。そこで、建物を何個所か切り、図のようなエキスパンションジョイントを入れ、伸縮しても建物に影響を及ぼさないようにするのだ。

# 温度による材料の変化

## ■材料は伸び縮みする

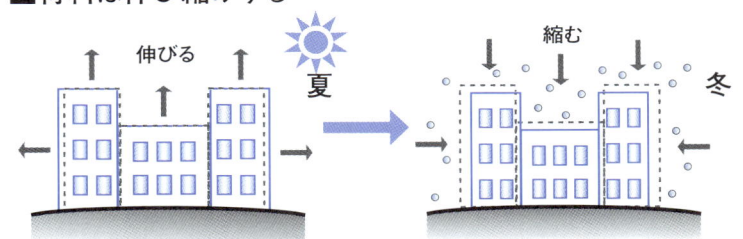

伸びる　夏　　　縮む　冬

材料は夏は膨張(ぼうちょう)し、冬は収縮する。

## ■いろいろな材料の熱膨張係数(ねつぼうちょうけいすう)(常温)

| 材料 | 線膨張率 （×10$^{-6}$/℃） |
|---|---|
| 炭素鋼 | 11 |
| ステンレス | 15 |
| アルミニウム | 16 |
| 板ガラス | 8〜10 |
| コンクリート | 7〜14 |
| 木材（繊維に平行） | 3〜6 |
| 木材（繊維に直角） | 35〜60 |

## ■長い建物には特別な処置を

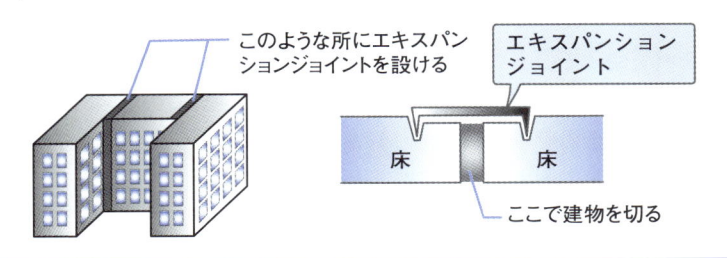

このような所にエキスパンションジョイントを設ける

エキスパンションジョイント

床　　床

ここで建物を切る

# 木造建築の工法

### 〜在来軸組工法からハイブリッド木造まで〜

　では、実際に建物はどのような構造で建てられているのだろうか。

　まず、日本の住宅に多い木造建築から見ていこう。木造といっても、いろいろな工法がある。在来軸組工法、ツーバイフォー工法、丸太組工法、ハイブリッド木造などである。

　現在、住宅にもっともよく用いられている工法は、在来軸組工法で、全体の半分以上のシェアを占めている。簡単にいうと、柱や梁などで建物の骨組（軸組）をつくり、そのあとで壁をつけていく。日本の伝統的な木造工法が改良されてできた工法である。

　ツーバイフォー工法は、枠組壁工法とも呼ばれる。北アメリカから入ってきた工法で、日本でも定着してきた。これは、ケーキの紙箱をつくるように、床と壁で建物を組み立てていく工法だ。名前の由来は、一番よく使う部材の断面の寸法が2インチ×4インチというところからきている。在来軸組工法にくらべて単純な構造である。

　丸太組工法は、丸太を積み上げて壁を構成する工法だ。在来軸組工法やツーバイフォー工法が木材を組んでつくるのに対して、木材を水平に積んでつくる。欧米では、ログハウスとしてこの工法が用いられている。東大寺正倉院の校倉づくり（48ページ参照）は、角材を使っているが、丸太組工法によく似た工法である。

　そのほか、ハイブリッド木造というものもある。これは、木と鉄骨を組み合わせた工法で、これまではむずかしかった木造の大建築物も、この工法によって可能となった。

# 木材を使ったいろいろな工法

## ■在来軸組工法

柱や梁などの骨組から構成されたつくり

住宅にもっとも多く用いられている

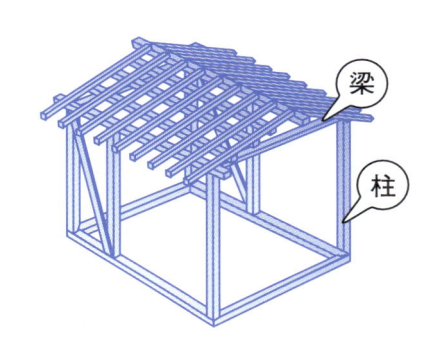

梁

柱

## ■ツーバイフォー工法

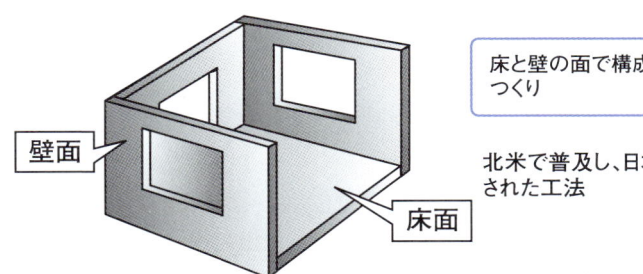

床と壁の面で構成されたつくり

北米で普及し、日本に輸入された工法

壁面

床面

## ■丸太組工法

木材を横にして重ね上げて壁とするつくり

シェアは高くないが、別荘やレストランなどでも用いられる

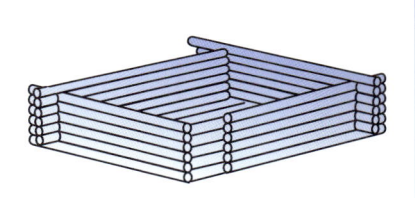

# 日本の伝統的な木造工法

## ～在来軸組工法～

では、在来軸組工法が、具体的にどんなしくみになっているのか見てみよう。

基本的には、柱などの垂直に立てる部材（垂直材）と、梁などの水平に置く部材（水平材）を組み合わせて建てていく。ただし、垂直材と水平材の組み合わせだけでは、横から風が吹きつけたり地震が起こったりしたときに崩れやすいため、柱と柱のあいだに斜めに部材を入れる。これを筋違という。そのほか、床の四隅には火打ち梁という部材を斜めに入れるなどして、建物の変形を防いでいる。

図を見てもらえばわかるが、部材にはそれぞれの呼び名があり、同じような形の部材であっても、使用される場所によって名前が違い、読みがながないとなかなか読めないようなものが多い。

これらの部材を組み立てて、骨組をつくったあと、壁や床、天井、屋根、窓などで部材の表面や骨組と骨組のあいだをふさいでいく。骨組が荷重を支えているので、比較的、窓やドアなどを多くとることができる。

柱と梁など、2つの部材をつなぐ方法として、以前は、お互いの部材の端などを複雑な形に加工してはめこみ、うまく継いでいた。部材同士を縦につないで1本の長い部材にするものを継ぎ手、直角やある角度に2つの部材を固定するものを仕口と呼ぶ。これを加工するには熟練した技術が必要だった。いまでは、ボルトや釘などの材料も多く使われるようになってきた。

なお、木造とはいっても、木は湿気に弱く、直接土に触れると腐ったりするので、基礎は鉄筋コンクリートでつくられている。

# 軸を組み合わせた工法

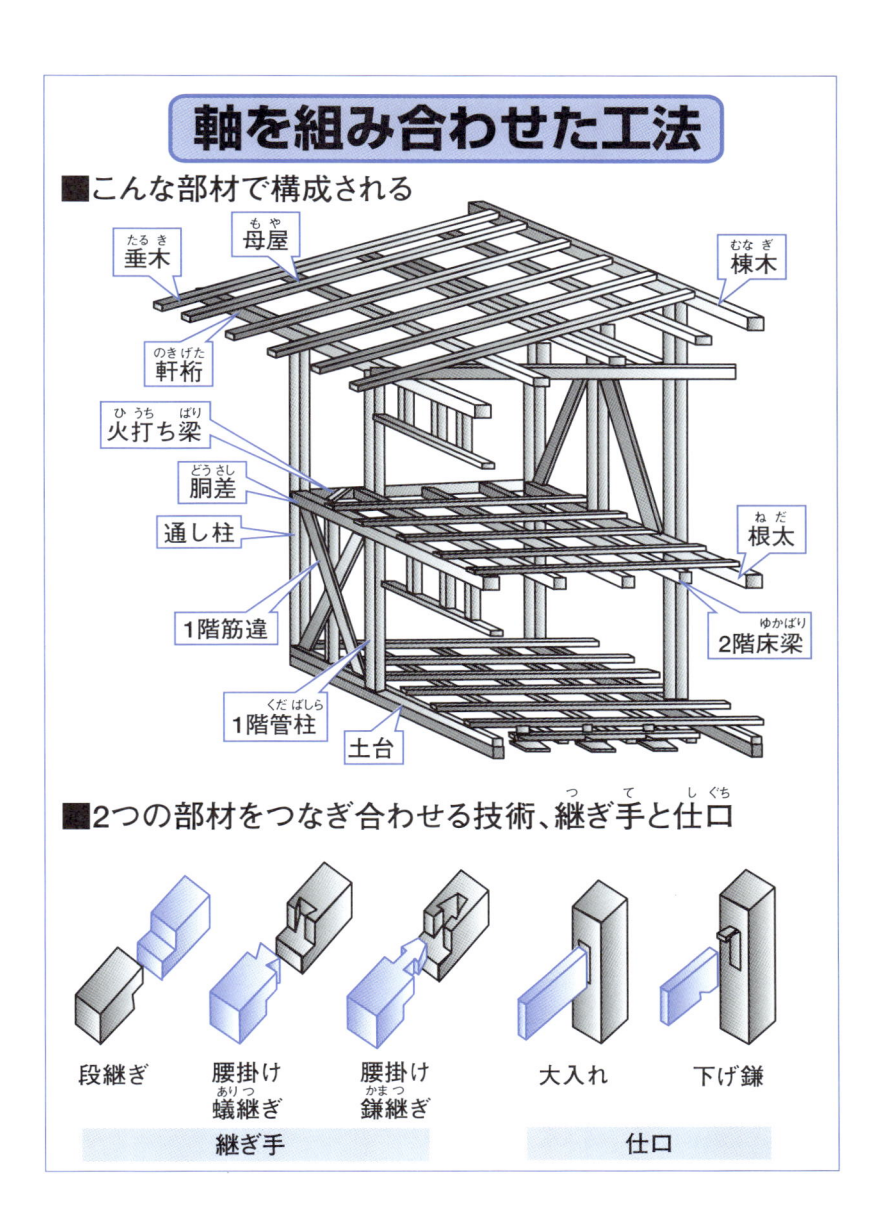

## ■こんな部材で構成される

- 垂木(たるき)
- 母屋(もや)
- 棟木(むなぎ)
- 軒桁(のきげた)
- 火打ち梁(ひうちばり)
- 胴差(どうさし)
- 通し柱
- 根太(ねだ)
- 1階筋違
- 2階床梁(ゆかばり)
- 1階管柱(くだばしら)
- 土台

## ■2つの部材をつなぎ合わせる技術、継ぎ手と仕口(つぎて しぐち)

継ぎ手
- 段継ぎ
- 腰掛け蟻継ぎ(ありつぎ)
- 腰掛け鎌継ぎ(かまつぎ)

仕口
- 大入れ
- 下げ鎌

# 「面」で構成される建物

## ～ツーバイフォー工法～

　在来軸組工法の建物は、柱や梁などの「線」で構成されている。これに対して、ツーバイフォー工法の建物は、壁や床などの「面」で構成されている。

　ツーバイフォー工法では、おもに2インチ×4インチ（約38mm×89mm）の部材を使って枠をつくり、そこに釘で合板や石膏ボードを打ちつけて、パネルをつくる。そしてこのパネルを床や壁として、建物を箱のように組み立てていく。

　在来軸組工法とくらべると、構造が単純である。また、ネジレが生じにくく、丈夫である。ただし、壁に荷重や地震などの外からの力がかかるので、在来軸組工法の建物にくらべて、壁の面積を少なくしたり、窓やドアなどを大きくとったりするわけにはいかない。

　使われる木材は、北アメリカから輸入され、大きさは2×4インチ、2×6インチ、2×8インチなどの5種類と決まっている。また、部材同士は釘や専用の金物で接合され、この寸法もすべて決められている。工事は比較的簡単で、熟練工を必要としない。そのためコストが安くすみ、大工の数にもよるが、家が完成するのも早いことが多い。

　もともとこの工法は、建築技術者や材料が不足していた北アメリカの開拓時代に、合理的にてっとり早く建てるために発達したといわれている。日本に導入されたのは昭和49年だが、札幌の時計台など、明治時代にツーバイフォー工法に基づいてつくられた建物も多い。現在では、個人住宅の約1割がこのツーバイフォー工法を用いている。

# 面を組み立てていく工法

## ■在来軸組工法とツーバイフォー工法の違い

在来軸組工法 — 梁、柱
柱や梁などの 線 で構成

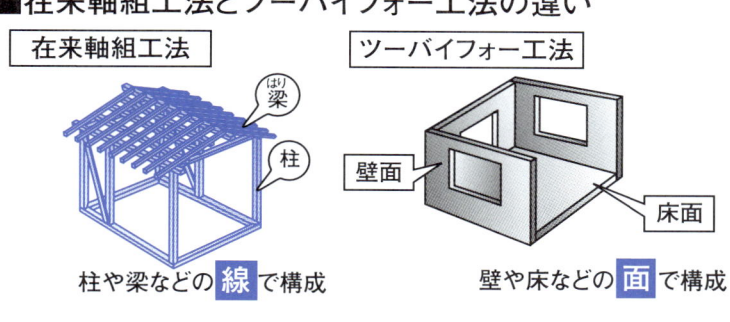

ツーバイフォー工法 — 壁面、床面
壁や床などの 面 で構成

## ■ツーバイフォー住宅のつくり方

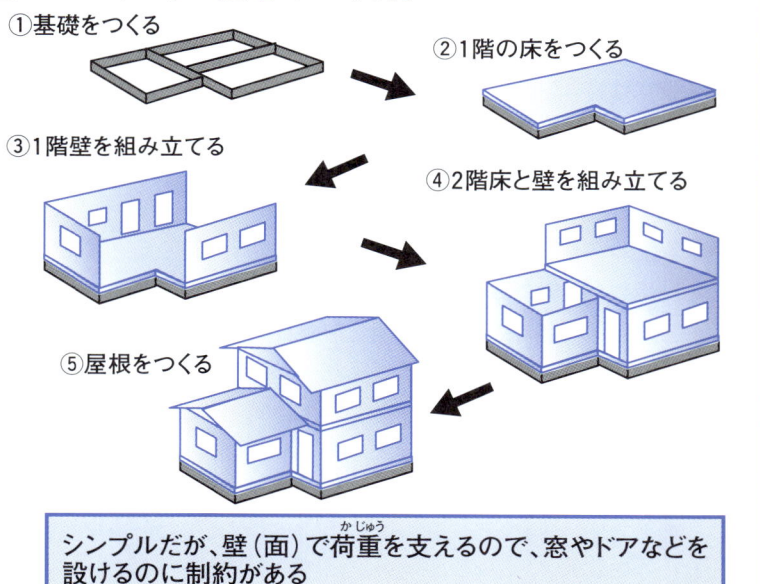

① 基礎をつくる
② 1階の床をつくる
③ 1階壁を組み立てる
④ 2階床と壁を組み立てる
⑤ 屋根をつくる

シンプルだが、壁（面）で荷重を支えるので、窓やドアなどを設けるのに制約がある

# 鉄筋コンクリートづくり

## ～鉄筋コンクリートの強度を利用して～

一般的な戸建て住宅は木造が圧倒的に多いが、背の高い建物は、鉄筋コンクリートづくりのものが多い。これは、高さが増すと、木造では強度が不足してしまうこと、また、建築基準法で木造は3階建てまでしか認められていないことなどのためである。

鉄筋コンクリートは、コンクリートと鉄骨の弱点をお互いが補い合ったものだ（64、66ページ参照）。この鉄筋コンクリート構造の建物を、鉄筋コンクリートづくりという。鉄筋コンクリートで住宅やアパートなどを建てる場合、その構造は**壁式鉄筋コンクリート構造**と、**鉄筋コンクリートラーメン構造**に大別される。

壁式鉄筋コンクリート構造とは、壁と床といった板状の部材だけで構成されたつくりである。柱や梁などの凹凸がないので、空間を広く使えることが特徴である。しかし、あまり窓やドアなどを大きくとることはできないという制約もある。

鉄筋コンクリートラーメン構造は、126ページのラーメンの原理を利用したものである。板状の部材を使う壁式に対して、柱や梁といった棒状の部材で四角い枠組を形成していく工法だ。部材と部材はしっかり接合されており、構造が一体となっているため、ある部材に力がかかるとほかの部材にも力が及ぶ。それぞれの部材に力が分散し、各部材で荷重を分担するので、強くて変形しにくい構造になっているのである。

最近では、壁式とラーメンとの中間が、強くて設計の自由度もあり、安価なので、よく用いられている。

# 背の高い建物には

## ■鉄筋コンクリートとは

鉄筋とコンクリートを組み合わせて、複合部材として使われる構造部材

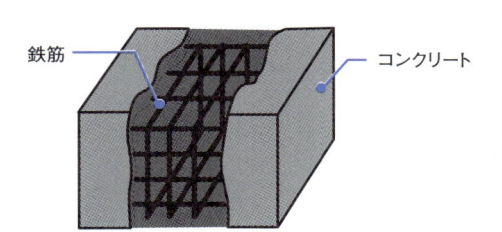

| 鉄筋の特徴 |
|---|
| 靱性（じんせい）が高い |
| 酸化しやすい |
| 引張（ひっぱり）に強い |

| コンクリートの特徴 |
|---|
| 靱性が低い |
| アルカリ性 |
| 引張に弱い |

鉄筋／コンクリート

**コンクリートと鉄筋の弱点をお互いが補い合った鉄筋コンクリート**

## ■壁式鉄筋（かべしきてっきん）コンクリート構造

- 板状の壁と床の部材だけで構成
- 柱や梁（はり）などの凹凸がない
- 窓やドアなどの開口部を大きくとることができない

床／壁

## ■鉄筋コンクリートラーメン構造

- 棒状の四角い柱や梁で構成
- 部材と部材がしっかり接合された、強くて変形しにくい構造
- 比較的大きな開口部がとれる

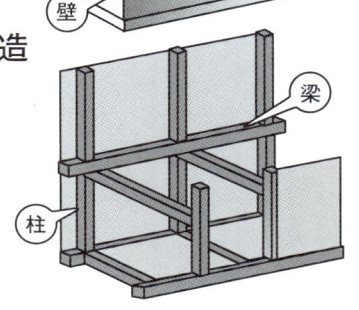

梁／柱

# 鉄骨づくり

## ～鋼鉄の粘り強さを利用して～

　鋼鉄は粘り強く強度が大きい（72ページ参照）。その鋼鉄を建物の骨組の部材として使用する構造を鉄骨づくり、鋼構造と呼んでいる。

　鉄骨づくりは大きな建物に向いている。強さの面でいえば、同じ大きさで同じ強度の建物を、鉄骨づくりと鉄筋コンクリートづくりでつくろうとすると、鉄骨づくりのほうがより細い部材ででき、部材の断面積が小さくてすむため、かなり効率よくできる。

　ただし、断面積が小さく部材が長いと、部材が突然グニャッと曲がる座屈の問題（122ページ参照）があり、設計上注意が必要になる。

　また、鉄骨は燃えることはないが、熱に弱く、400℃を超えると構造体としての役割をなさなくなる。そのため、防火材料や耐火材料などで鉄骨部材を覆う必要がある（80ページ参照）。だが最近では、ＦＲ鋼（74ページ参照）のような、高熱にさらされても比較的強度が落ちにくい耐熱性の高いものなど、鋼鉄の品種が増えてきたため、鉄骨づくりの建築物が建設しやすくなっている。

　柔構造（128ページ参照）のビルを建てる場合は、靱性（64ページ参照）の低いコンクリートより鋼鉄を骨組にした鉄骨づくりのほうが合っている。ただし、接合部をガチガチに固定すると、ムチのようにしならないので、接合の方法は厳密に計算する必要がある。また、かならず設計どおりになっていないとやわらかい構造にはならないので、細心の注意を払わなくてはならない。

# 剛性の高さを利用して

## ■鉄骨づくりとは

鉄骨部材（組立て） 鋼鉄でつくられた鉄骨部材を組み立てて構成される工法

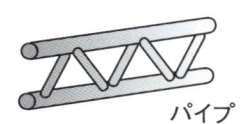

型鋼（かたこう）
H形鋼など

鋼管
パイプ

## ■鉄骨の弱点

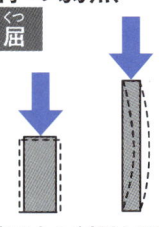

座屈（ざくつ）

断面積が小さく部材が長い場合、荷重（じゅう）がかかると部材が突然横に曲がることがある。

耐熱

耐火材料
防火材料
鉄骨

400℃を超えると構造体としての役割をなさなくなる。そのために防火材料や耐火材料で鉄骨を覆う。

## ■新しい技術の開発

FR鋼（エフアールこう）など耐熱性の高い鋼鉄ができてきた

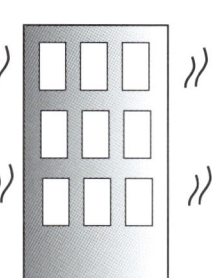

接合等の技術が発達してきた

さまざまな技術の開発とともに、鉄骨づくりの建物が建設しやすくなっている

# 鉄骨鉄筋コンクリートづくり

## ～鉄骨と鉄筋コンクリートの合体～

　鉄骨づくりは強度が大きいが、座屈の心配があることと、熱に弱いことが問題だった。そこで、鉄骨の長所を生かしつつ、短所を鉄筋コンクリートに補わせる、鉄骨鉄筋コンクリートづくりという工法が考案された。

　これは、鉄骨づくりの骨組のまわりに鉄筋を組み、さらにそのまわりにコンクリートの型枠を組んでコンクリートを流し込む工法だ。鉄骨づくりより変形しにくく、火に強く、鉄筋コンクリートよりも靱性の高い構造になっている。

　また、全部材に鋼材の含まれる量が多いほど、強度が大きくなる。同じ高さの鉄骨鉄筋コンクリートづくりの建物と鉄筋コンクリートづくりの建物をくらべてみると、前者のほうが鋼鉄の量が多いので、部材の断面積は小さくなる。

　こういったすぐれた点が認められて、現在では、20階建て以下の高層ビルのかなりの割合が、鉄骨鉄筋コンクリートづくりでつくられている。

　ただし、2章でも説明したが、コンクリートをうまく流し込んで固めるのは、なかなかむずかしい作業である。とくに柱と梁の交差する部分は複雑になっているため、コンクリートをうまく行き渡らせるのがたいへんだ。鉄骨と鉄筋コンクリートが一体となってしっかりくっついていないと、鉄骨鉄筋コンクリートの機能が十分に発揮できない。緻密な計画と同時に、施工時にはこの点に注意することが必要になる。

## 弱点を補う

■鉄骨鉄筋コンクリートづくり

① 鉄骨を組む

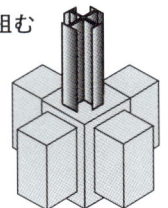

② 鉄骨のまわりに鉄筋を組む

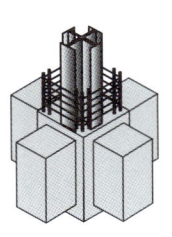

③ コンクリートの型枠（かたわく）を組み、コンクリートを流し込む

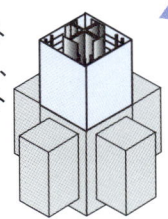

④ 型枠をはずし、さらに上へ鉄骨・鉄筋を組み上げる

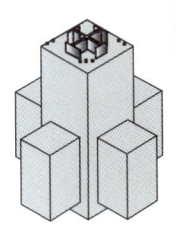

鉄筋コンクリート　　鉄骨鉄筋コンクリート

同じ高さのビルをつくるとすると…

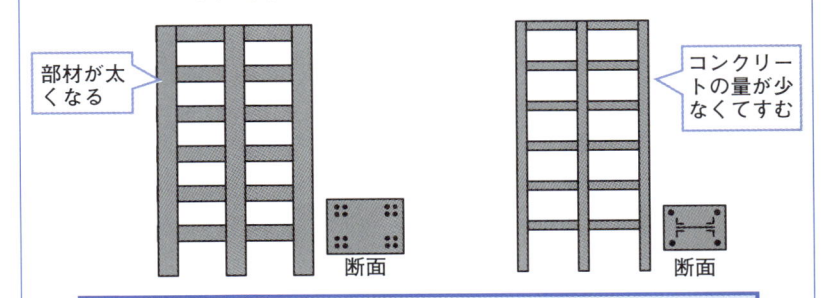

部材が太くなる

コンクリートの量が少なくてすむ

断面

断面

鉄骨鉄筋コンクリートの機能を十分に発揮させるためには、綿密な計画と正確な施工（せこう）作業が要求される

# 光、空気、音、熱を コントロールする窓

### 〜窓に関する規制〜

　ここまで説明してきた建物の構造に関する技術は、その中に住む人、働く人の安全性を確保するためのものだが、安全性と同時に、その中でいかに快適に過ごせるかということも、大切なポイントとなる。とくに、光や空気、音、熱をうまくコントロールすることは、快適な生活空間をつくるためには不可欠な要素である。

　これらの要素は、窓や壁、屋根などで調節されるが、なかでも重要なのは窓だ。建築基準法では、住宅の場合、部屋の面積の7分の1以上の大きさの窓をつけなくてはならないと定められている。ただし、窓がつけられない場合は、屋根に天窓をとる方法も認められている。また、マンションには1つも窓のない部屋があるが、その場合には、ふすまやドアなどいつでも開けられるものでつながっている部屋は合わせて1つの部屋と考えることができ、その2つの部屋の、合計面積の7分の1以上の大きさの窓があればいいことになっている。この規定を考慮したうえで、採光、通気、温度調整、防音などのために、窓の大きさや配置などを考えるのである。

　伝統的な日本の建築物は、窓や戸を大きくとり、風や日光が入りやすい構造の家が多かった。木造住宅は、柱と梁で組み立てられた、窓や戸を設けやすい構造だったからだ。日本の夏は蒸し暑いため、通気のよさを求めたのだ。しかし、現在は冷暖房の設備が普及しているので、通気のよさはそれほど求められなくなってきている。窓は熱を通しやすく、開閉によって風が入るため、冷暖房の効率が落ちることのほうが問題とされる場合もある。

# 窓の必要性

## ■規制で決められている窓の大きさ

$$\frac{採光上有効な開口部の面積(W)}{居室の床面積(A)} = \frac{1}{7} 以上 (住宅の居室の場合)$$

**W** 開口部の面積 2m²

**A** 居室の床面積 14m²

**W** 開口部の面積 A+Bの1/7以上

**A** 居室の床面積 **B**

たとえば、床面積が14m²の部屋の場合、その1/7の2m²以上の大きさの窓をつけなくてはならない

ふすまやドアなどでいつでも開けられるものでつながっている部屋は、あわせて1つの部屋と考える

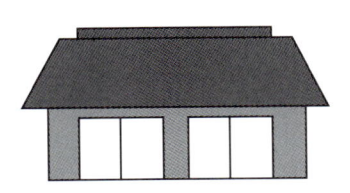

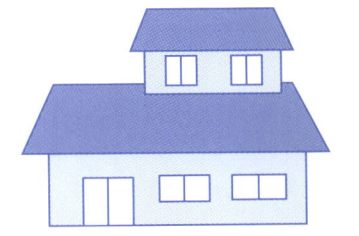

## ■窓に対する考え方の変化

**昔** 開口部が大きいほうが、風や光が入りやすいので快適に過ごせる

**現代** 開口部をなるべく小さくしたほうが、冷暖房の効率がよいという考え方もある

# 窓と照明で部屋の明るさを調整

## ～自然の光と人工の光～

　土地や住宅を選ぶ際に、日当たりのよさを重視する人は多い。

　太陽の光には、太陽から直接地上に射す直射日光と、地上に届くまでに雲や大気中の塵などによって拡散されて空全体から降ってくる天空光とがある。部屋の中に入る自然光には、直射日光や天空光のほかに、それらの光が地面や水などに反射して入ってくる反射光がある。部屋の用途によって光の必要量は違うので、太陽の位置や方位などを調べ、窓の大きさや角度を調整し、さらにひさしやルーバーといった日よけなどを使って、コントロールする必要がある。

　自然の光の明るさは、人工の光でははるかにおよばない明るさである。直射日光を一面に浴びる天気のいい日の野原の明るさというのは、15万ルクスくらいになる（ルクスは明るさの単位）。これが木陰に入ると1万ルクスくらい。一方、われわれが本を読んだり勉強したりする机の照明の明るさは、300ルクスくらいだ。台所では300ルクスも必要としない。各空間の照明は、それぞれの用途に合わせて必要な明るさを確保するように設計されている。

　人工照明の方法には、直接照明と間接照明とがある。前者は一般の住宅やオフィスなどで使われている、電球から出た光を直接照らす方法で、明るく効率がよい。後者は電球の光を天井や壁に反射させて照らす方法で、光がやわらかくなる。こちらは、喫茶店やレストランなどの店舗で使われることが多い。また、全体照明と局所照明という分類もある。文字どおり、これは部屋全体を照らすか、一部だけを照らすかの違いだ。

　部屋の目的・用途に応じて、これらを組み合わせて使用する。

# 目的・用途に応じて

## ■太陽の光と反射の仕方

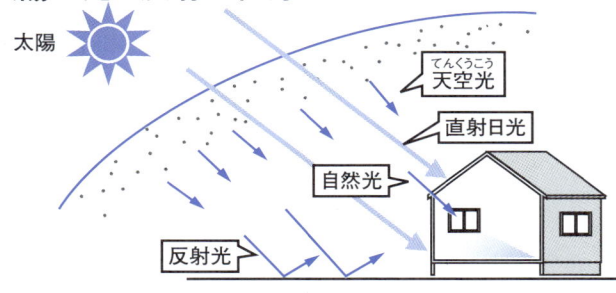

太陽
天空光(てんくうこう)
直射日光
自然光
反射光

## ■それぞれの部屋に必要な明るさ

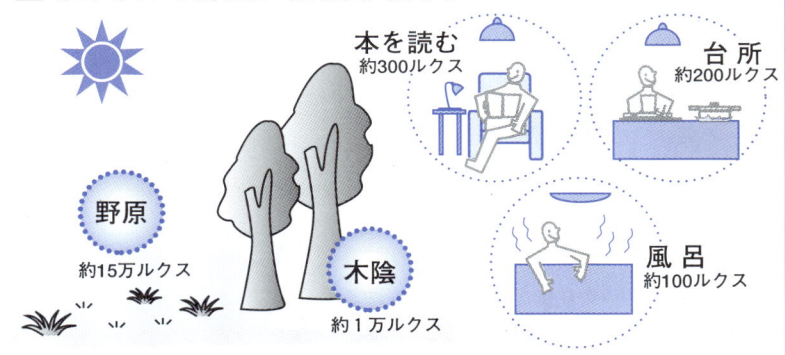

本を読む 約300ルクス
台所 約200ルクス
野原 約15万ルクス
木陰 約1万ルクス
風呂 約100ルクス

| 直接照明 | 間接照明 |
|---|---|
| 電球の光を直接照らす | 電球の光を壁などに反射して照らす |

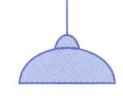

部屋の目的・用途(ようと)に応じて、自然光や人工光を組み合わせ、さらに直接照明、間接照明を使い分ける

# 冷暖房機器を選ぶための要素

### ～ヒートロスとヒートゲイン～

では次に、部屋の温熱環境について考えてみよう。

気温の低い冬は、部屋の中をエアコンやストーブなどの暖房で暖める。そして、ある程度暖まったら暖房を切る。その暖かさはいつまでも続かず、次第に冷えていく。熱は、壁や窓、屋根などから出ていくし、床を通って地面へも抜けていく。ドアの開け閉めによっても、当然暖かい空気は逃げていく。このように、あちこちから熱が逃げていくことを、ヒートロス（heat loss）という。

逆に夏を考えてみよう。冷房をつけているときに、窓から日差しが入ってくるし、外の熱が壁を伝って入ってくる。さらに、扉を開けると生暖かい空気が入ってきて、せっかくの冷気が逃げてしまう。このように、部屋に熱が入ってくることを、ヒートゲイン（heat gain）と呼ぶ。

このヒートロスとヒートゲインは、建物の方角や窓の面積、壁の厚み、隙間の多さ、戸を開ける回数などによって決まる。冷暖房機には6畳用や8畳用などと書かれており、それを目安に選ぶことが多いが、本来、冷暖房機器を選定するときには、どのくらいのヒートロスとヒートゲインがあるかを計算するべきである。

冷暖房の効率を考えると、建物は、なるべく熱を通さないつくりになっていることが望ましいことになる。冷暖房が普及した現在では、効果ある断熱がたいへん重要である。

# 効果的な温熱環境をつくる

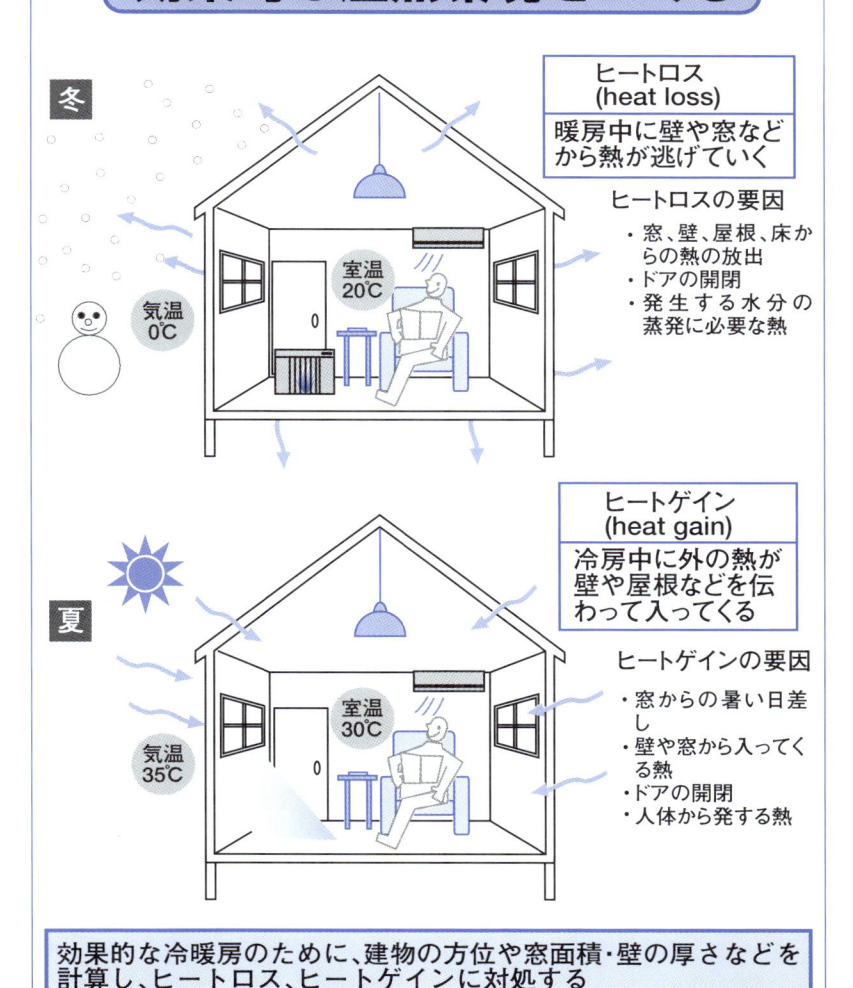

冬

ヒートロス (heat loss)
暖房中に壁や窓などから熱が逃げていく

気温 0℃
室温 20℃

ヒートロスの要因
- 窓、壁、屋根、床からの熱の放出
- ドアの開閉
- 発生する水分の蒸発に必要な熱

夏

ヒートゲイン (heat gain)
冷房中に外の熱が壁や屋根などを伝わって入ってくる

気温 35℃
室温 30℃

ヒートゲインの要因
- 窓からの暑い日差し
- 壁や窓から入ってくる熱
- ドアの開閉
- 人体から発する熱

効果的な冷暖房のために、建物の方位や窓面積・壁の厚さなどを計算し、ヒートロス、ヒートゲインに対処する

# 結露を防ぐ

### 〜断熱性能が悪いと〜

　暖房に関しては、さらに気をつけるべき問題がある。暖房のきいた部屋の窓に、水滴がつくことがある。これを結露という。結露の発生には空気中の水蒸気が大きく関係している。この空気中に含まれる水蒸気の量には限界があり、限度いっぱいに含んだ状態を飽和という。この量は温度が低くなるほど少なくなる。温度の変化と飽和の関係を表した図を空気線図といい、100％の線が飽和の線である。

　たとえば、屋外の気温が5℃、水分量が50％のとき、暖房をつけて、室温を22℃まで上げると、水分量は17％になる。このとき加湿器をつけ、水分量を40％にする。そのとき、窓付近の空気は、その水分を保持したまま冷える。そうすると、窓付近の空気はそれまで含んでいた水分を保持できなくなり、余分な水分を放出し、水滴となって窓につく。これが結露だ。

　ガラスならぞうきんでふきとればいいが、タチの悪いのが、断熱性能の低い壁の内部や天井裏、床下などの見えない部分に発生する内部結露である。結露の発生後しばらくしてから壁にしみがあらわれて、はじめて気づいたりするのでやっかいだ。これらは、カビの発生原因や、鉄骨づくりのサビの原因になる。骨組や仕上げ材、下地材などが腐る原因にもなるので困ったものである。

　窓などの表面的な結露を防ぐポイントは、壁に断熱材を入れる、窓の断熱性を高くする、加除湿の加減をつねに考慮して空気が飽和状態に近づかないようにすることなどだ。内部結露を防ぐには、壁内部の温度が低くならないように室外側に断熱層を設けるのがもっとも効果的である。

## 結露とはなにか

### ■結露の発生

本文の例をみてみると

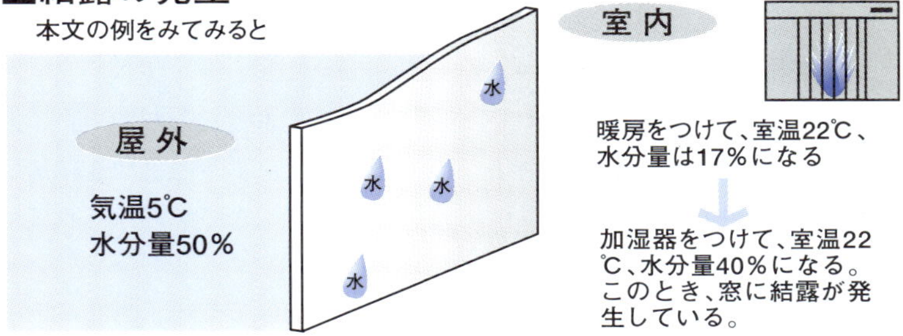

屋外
気温5℃
水分量50%

室内

暖房をつけて、室温22℃、水分量は17%になる

加湿器をつけて、室温22℃、水分量40%になる。このとき、窓に結露が発生している。

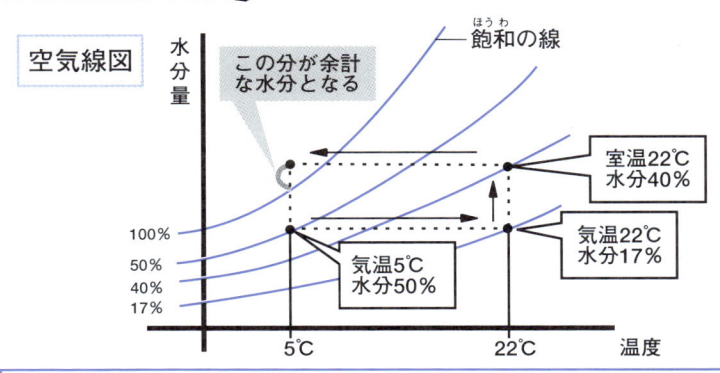

空気線図

水分量
飽和の線
この分が余計な水分となる

室温22℃ 水分40%
気温22℃ 水分17%
気温5℃ 水分50%

100%
50%
40%
17%

5℃　22℃　温度

空気が含むことのできる水蒸気の量は、温度が高いほど多い。急に温度が下がると、含むことのできる水分量が少なくなり、余分な水分が放出される。これが結露の正体。

### ■結露を防ぐには

| |
|---|
| 窓の断熱性を高くする |
| 空気が飽和状態に近づかないようにする |
| 外断熱構造にする |

これらの対策が有効

# 換気をして外気を取り入れる

### ～換気の重要性～

　暖房をつけて部屋を暖めると、せっかく暖まったのだからと、ずっと閉じこもっていたい気になる。ところが、ずっと部屋を閉め切っていると、部屋の空気は、いろいろなものによって汚染されていく。

　たとえば、人間が吐き出す二酸化炭素、たばこの煙、ガスストーブの不完全燃焼で発生する一酸化炭素、ガスレンジから出る二酸化窒素など。さらにホルムアルデヒドなど空気を汚染するとされる接着剤を用いた建築材料から発生するものもある。これらによって汚された空気の中で生活していると、健康に悪影響を及ぼす。そこで、換気をして室内の汚染された空気を外に出し、外気を取り込むことが重要になる。

　換気の方法には、自然換気と機械換気とがある。前者は、温度によって重さが変わるという空気の性質を利用するのが一般である。暖房をつけたとき、顔は暑いが足元のほうは冷たいということがないだろうか。あれは、空気は暖まって軽くなり、上昇してしまうために起こるのだ。この原理を利用して、空気を排出するために部屋の高い所に排気口を設け、部屋の低い所に外の空気を取り入れるための給気口を取り付ければ、換気がスムーズにいく。ただしこれではせっかく暖めた空気が排出され、暖房がきかなくなるので、天井に扇風機を取り付け、室内の冷たい空気と暖かい空気を撹拌すると効果的である。機械換気は、おもに空気を排出する側に換気扇を設けて換気を行なう。また、換気ではないが、空気清浄機を設置して空気中のゴミなどを取り除くという方法もある。

# 空気の入れ換え

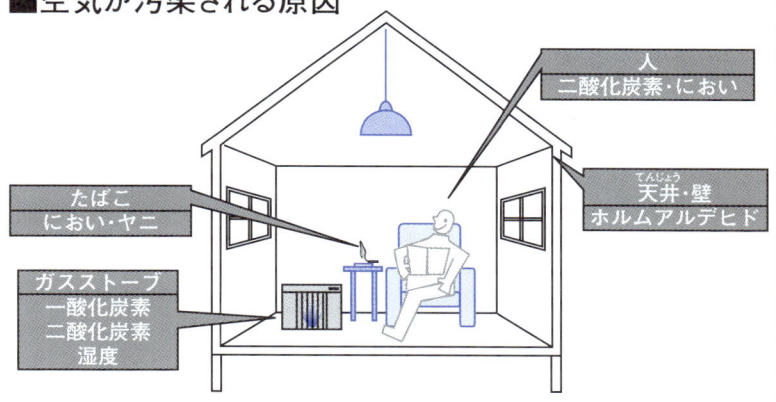

## ■空気が汚染される原因

- 人
  二酸化炭素・におい
- たばこ
  におい・ヤニ
- 天井・壁
  ホルムアルデヒド
- ガスストーブ
  一酸化炭素
  二酸化炭素
  湿度

## ■新鮮な空気を取り入れる方法

### 自然換気
空気は暖まると上昇する性質を利用

空気を排出
空気を取り込む
排気口
給気口

### 機械換気
送風機を設けて換気を行なう

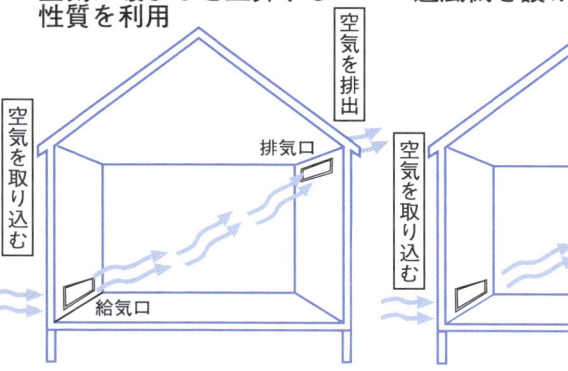

空気を排出
空気を取り込む

住宅では、台所や風呂、トイレなどだけ機械換気で、あとは自然換気が普通。大住宅や事務所などのような大規模な建物では、両方とも機械化することもある。

# 騒音の発生と防止

### 〜吸音と遮音〜

　次に「音」について考えてみよう。部屋の外からはいろいろな音が聞こえてくる。道路を走る車の音、隣の部屋のテレビの音、隣の家のピアノの音。これらの音は、直達音響と振動起源音とに分けられる。直達音響とは、車のクラクションやテレビの音のように、直接耳に届いてくる音。こういう音は、窓ガラスや壁を通ってじかに入ってくる。一方、振動起源音の発生源はトラックが走るときのゆれなどの振動で、それが建物の基礎に伝わり、基礎から壁に伝わり、窓ガラスやドアなどの建物の部材がゆれて生じる音である。

　ここでは直達音響について説明しよう。部屋の外で発生した音は、①壁にはね返される、②壁に吸収される、③壁を通り越すの3つに分けられる。部屋の中に聞こえてくる音は、③の壁を通り越す音なのである。つまり、直達音響からの音を聞こえないようにするには、①と②の機能、つまり、音を吸収する機能（吸音）と、音を遮断する機能（遮音）を強化すればいいのだ。

　吸音の方法としては、壁に吸音材料を張りつけることが有効だ。たとえば、キーンと響くような高周波の音には、グラスウールという、ガラスを溶かして繊維状にし、板や帯状に加工したものがよく使われる。グラスウールは多孔質材料というもので、糸くずを押し固めたように空隙がたくさんある。この空隙が音を吸収する。そのほか、石膏ボードや合板などの吸音材料もある。

　遮音については、壁の重量が大きいほど音を遮る率が高いので、コンクリートの壁を厚くするなどの方法がある。これはとくに、腹に響くような低周波の音の遮音に効果的だ。

# 騒音を防ぐ方法

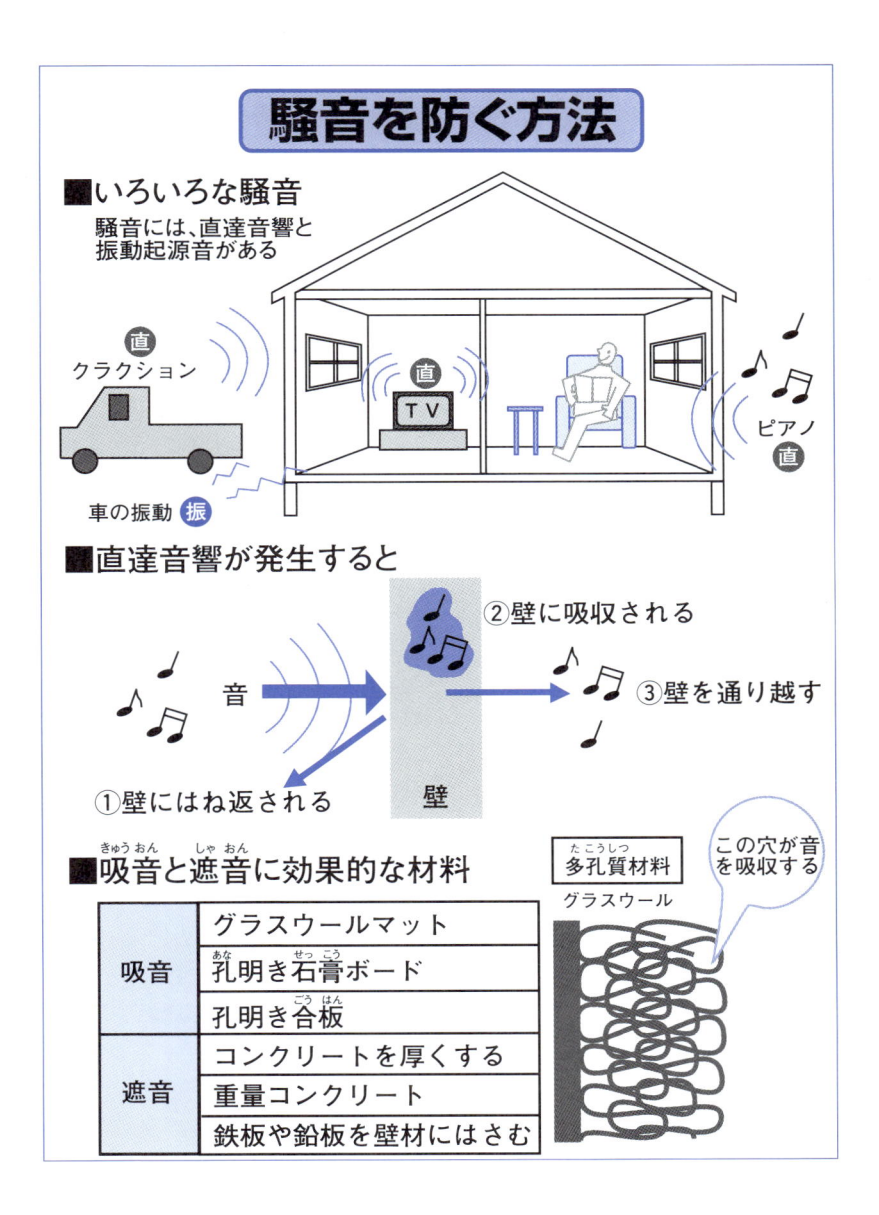

## ■いろいろな騒音

騒音には、直達音響と振動起源音がある

クラクション 直
TV 直
ピアノ 直
車の振動 振

## ■直達音響が発生すると

音
②壁に吸収される
③壁を通り越す
①壁にはね返される
壁

## ■吸音と遮音に効果的な材料

| | |
|---|---|
| 吸音 | グラスウールマット |
| | 孔明き石膏ボード |
| | 孔明き合板 |
| 遮音 | コンクリートを厚くする |
| | 重量コンクリート |
| | 鉄板や鉛板を壁材にはさむ |

多孔質材料
グラスウール

この穴が音を吸収する

## 避雷針が必要な建物ですか？

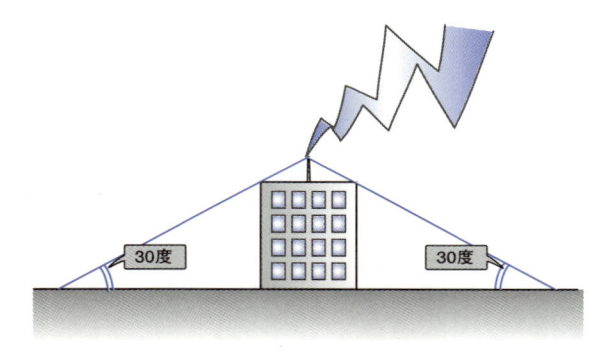

 高い所や先のとがったもの、金属などの電気を通しやすいものに落ちやすいという雷の性質を利用したのが避雷針だ。
 一般の建物では、高さ20m以上の建物は、避雷針の設置が義務づけられている。設置する際には、避雷針の先端から30度の角度で見下ろした範囲内に、その建物の施設がすべておさまっていなければならない。建物全体がその範囲内に入っていなければ、避雷針を高くするか、複数本設置して、建物全体をカバーする必要がある。
 ただし、雷は必ず高いものに落ちるとはかぎらないし、ほかの建物の避雷針に雷が落ちた影響で、その付近のアンテナや電話線などに高い電圧が発生し、テレビや電話などが壊れてしまうこともあるので、避雷針があれば絶対安心というわけでもない。

# Chapter 5

# 建築工事の
# 流れとしくみ

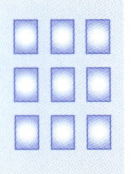

# 木造住宅の作業工程

### 〜安全祈願祭から竣工まで〜

　この章では、建物が実際にどのように建てられるのか、どのように工事が進められていくのかを具体的に紹介していこう。われわれが住んでいる住宅には、個人住宅のほか、マンションやアパート、長屋などいろいろなものがあるが、まずは、一般的な木造戸建個人住宅の建築工程をざっと見てみよう。

　まず着工前に安全祈願祭を行ない、工事に入る。3章で説明した水盛り、遣り方を行ない、土を掘り（108〜111ページ参照）、基礎をつくる。建物の土台となる部分が完成したら、その上に木材を組んでいく。この柱や梁などの構造を組む作業のことを建前という。

　建前が終わると、梁などが正確に水平になっているか、柱などがきちんと垂直に建っているかをチェックして、ひずみがあればここで直しておく。建前がこれで大丈夫ということになれば、上棟式を行なう。これは、屋根の一番高い所にある部材（棟木という）を上げるときに、家が無事に完成することを祈願して行なうものである。

　上棟式が終わると、屋根をつくる。屋根の下は柱や梁などの骨組のままであるが、先に屋根をつくっておくのは、部材を雨から守り、雨の日でも仕事ができるようにするためだ。その後、床や壁の骨組をつくり、建物全体の骨組ができあがったところで外装にかかる。

　外観がほとんど完成するころに、あらかじめ空けておいた穴や仕込んでおいた管を使って、水道や電気、ガスなどの配管工事を行ない、床や壁、天井などの内装工事を進めていく。さらに、ドアや窓、電気器具などを取り付ける。これが終わると完成、竣工となる。

　では次の項から、木造在来軸組工法住宅の建築工程を見ていこう。

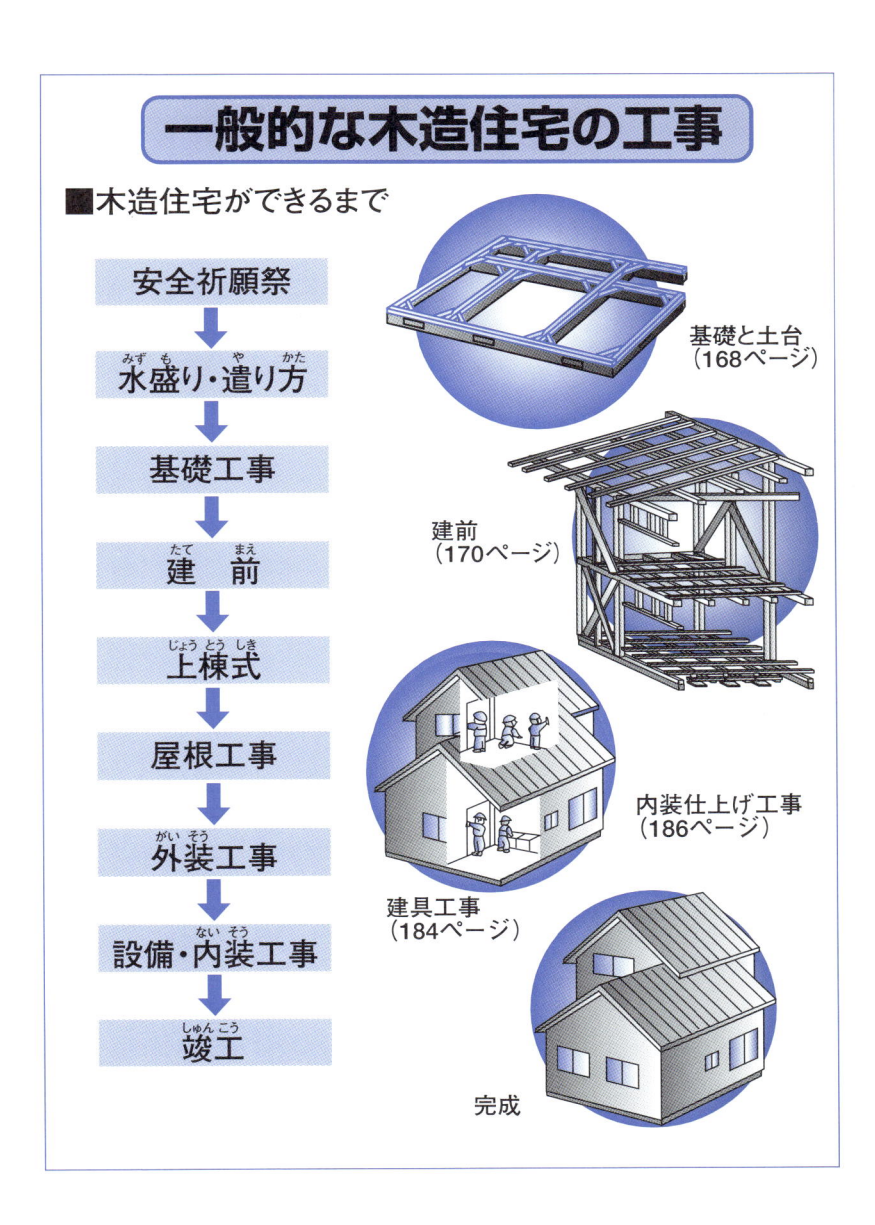

# 一般的な木造住宅の工事

■木造住宅ができるまで

安全祈願祭
↓
水盛り・遣り方
↓
基礎工事
↓
建前
↓
上棟式
↓
屋根工事
↓
外装工事
↓
設備・内装工事
↓
竣工

基礎と土台
（168ページ）

建前
（170ページ）

内装仕上げ工事
（186ページ）

建具工事
（184ページ）

完成

# 仮設工事から基礎工事

## 〜木造住宅にも仮設工事は必要〜

　最終的に使用される建物をつくる本工事に対して、建物の完成時に取り払ってしまう諸々の工事を仮設工事という。仮設というと、ビルなどの建設工事現場でよく見る作業員の仮設宿舎やトイレといったイメージが強いかもしれない。では、木造住宅の建築に仮設工事は必要ないのかというと、そういうわけではない。

　たとえば、水盛りや遣り方（108ページ参照）は、仮設工事の1つだ。また、水や電気、照明などがないと工事そのものが行なえないので、まずなによりもはじめに、これらの手配と工事をしなくてはならない。これも仮設工事である。さらに、雨がかかっては困る部材にかける防水シートや、手の届かないような高い所での作業のために設ける足場も仮設物である。

　水盛や遣り方、電気や水道の設置といった仮設工事が終わったら、基礎工事に入る。まず地面を掘り、割栗石という縦長の石を並べていく。そしてその隙間を砂利で埋め、ランニングハンマーという機械でたたいて、地盤と割栗石、砂利を締め固める。この上に水平になるようにコンクリートを流し込む。ここまでの作業を地業という。

　この上に基礎を設ける。住宅によく用いられる鉄筋コンクリートの布基礎（102ページ参照）の場合、鉄筋を組んだあと、コンクリートを流し込むための枠（型枠という）を設置し、そこにコンクリートを流し込み、コンクリートが固まったら型枠をはずす。これで基礎が完成する。

# まずはじめにとりかかること

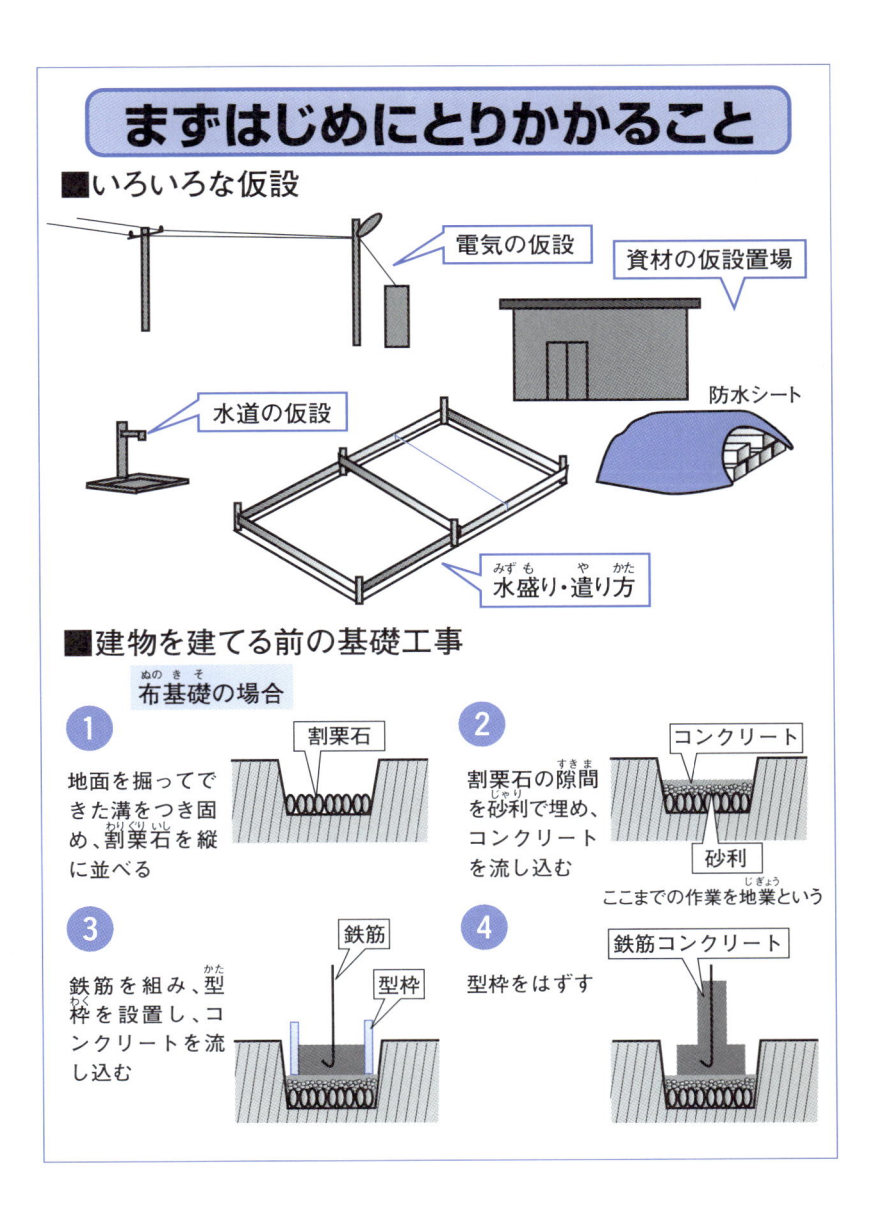

## ■いろいろな仮設

電気の仮設

資材の仮設置場

水道の仮設

防水シート

水盛り・遣り方

## ■建物を建てる前の基礎工事

### 布基礎の場合

**1** 地面を掘ってできた溝をつき固め、割栗石を縦に並べる

割栗石

**2** 割栗石の隙間を砂利で埋め、コンクリートを流し込む

コンクリート
砂利

ここまでの作業を地業という

**3** 鉄筋を組み、型枠を設置し、コンクリートを流し込む

鉄筋
型枠

**4** 型枠をはずす

鉄筋コンクリート

# 基礎の上に土台を設置する

## ～基礎と土台はどう違う？～

　コンクリートが固まる前に、基礎にアンカーボルトを埋め込んでおく。アンカーとは錨（いかり）のことで、アンカーボルトは先が錨のように曲がり、先がネジになった鋼鉄（こうてつ）の棒材だ。これを埋め込むのは、基礎の上に乗せる土台から上の部材の位置がズレないように、また風などによって浮き上がらないように、しっかりと固定するためだ。

　住宅の土台に使う部材は角材（かくざい）（四角に加工した木材）で、基礎コンクリートの上に水平に置く。この角材にアンカーボルトの通る穴を空けておき、上からナットで締めつける。この上に乗る建物が、地震や強風などの力でズレないように、しっかりと固定しておくためだ。

　土台が必要なのは、コンクリートの上に木材の柱を取り付けるより、木材同士のほうが接合しやすいためだ。土台には、アンカーボルトを通す穴のほかに、ほぞ穴と呼ばれる穴を空けておく。そして、柱にはほぞ穴に差し込むための突起（とっき）（ほぞ）をつくる。土台のほぞ穴に柱のほぞを差し込んで、接合部分を金具で補強する。

　また、土台には柱から基礎にかかる荷重（かじゅう）を均等にする働きもある。建物の重量は、柱を伝って柱の底の部分に集中的にかかるが、土台を設けてあれば、重量が基礎全体に均等に伝えられる。この土台のおかげで、不等沈下（ふとうちんか）（104ページ参照）を防ぐこともできるのである。

　土台には、比較的水に強い栗やヒバを使うのが望ましい。さらに、防蟻剤（ぼうぎざい）、防腐剤（ぼうふざい）などを浸（し）み込ませて使用されている。

## 土台の役割は？

### ■基礎の上に土台を設ける

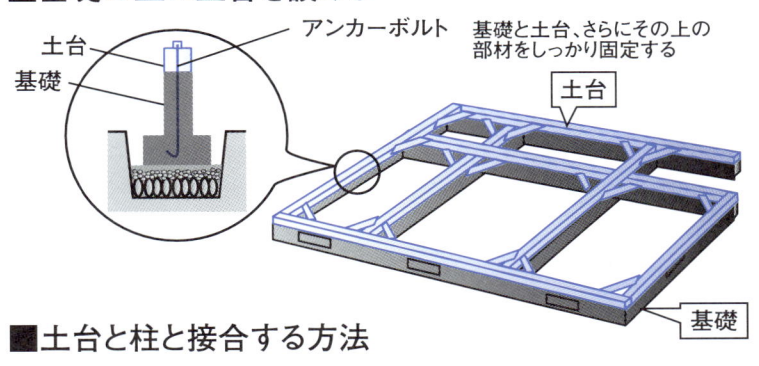

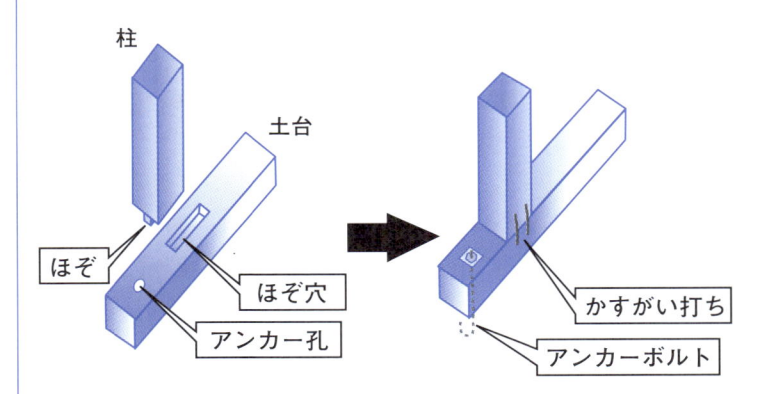

土台
基礎
アンカーボルト
基礎と土台、さらにその上の部材をしっかり固定する
土台
基礎

### ■土台と柱と接合する方法

柱
土台
ほぞ
ほぞ穴
アンカー孔
かすがい打ち
アンカーボルト

ほぞ穴にほぞを差し込み、さらに金具で補強する

・コンクリートより木材のほうが、柱などの木材の部材と接合しやすい
・柱から基礎にかかる荷重を均等にする

# 家の骨組を組んでいく

## ～建前の方法～

　木造住宅では、骨組の主要な部材となる木材を組む作業、つまり、土台の取り付けから棟上げ（174ページ参照）に至るまでの作業を、建前という。木材はそれまでに加工してあるので、建前の作業は組み立てるだけになる。20坪で2階建てくらいの住宅だと、大工5人で2日くらいでできる。

　基礎の上に土台を取り付けた後、その上に柱を立てていくのだが、柱には2種類ある。1つは2階まで通す、通し柱と呼ばれる長い柱。一般的に、四隅に立てる柱は通し柱を使う。神社やむかしの家に見られる大黒柱と呼ばれる太い柱が通し柱だ。ただし、現在では、通し柱に使われる木材はそれほど太くなく、12cm角程度のものである。もう1つは、1階分の長さの短い柱で、管柱と呼ばれる柱である。

　水平材には、1階と2階の管柱のあいだで、それらを相互につなぐ胴差と、上部からの荷重を支えるために柱の上に設置する梁がある。

　これらの柱と水平材を組む方法として、むかしは1本ずつ柱を立てて、それから胴差などの水平材を取り付けていった。最近では、あらかじめ通し柱に水平材を差し込んで骨組をつくっておき、それから土台のほぞ穴に柱のほぞを差し込み、骨組を立てて起こし、それを金具でしっかり固定するというやり方が一般的だ。

　骨組を立て、骨組同士をつなぎ、1階の管柱を入れ、2階の床梁を取り付け、その上に2階の管柱を立てていく。そして、屋根を乗せるための小屋梁や軒桁、母屋、垂木を組んだら建前は終わりだ。

　垂直材と水平材を組み立てるときの耐力は互いに影響しあっているので、組む順番を考えてバランスを崩さないことが大切になる。

## 建前の手順

### ■骨組を組んでいく

① 基礎の上に土台を取り付ける

② 土台の上に通し柱、管柱(くだばしら)などの垂直材を立てる
（この前に、通し柱に胴差(どうさし)などの水平材を差し込んでおくことが多い）

③ 2階の床梁(ゆかばり)を取り付けたあと、2階の管柱を立てる

④ 小屋梁(こやばり)、軒桁(のきげた)、母屋(もや)、垂木(たるき)を組む

図中ラベル：
- 垂木(たるき)
- 母屋(もや)
- 棟木(むなぎ)
- 軒桁(のきげた)
- 小屋梁(こやばり)
- 2階筋違(すじかい)
- 火打ち梁(ひうちばり)
- 胴差(どうさし)
- 通し柱
- 根太(ねだ)
- 1階筋違
- 2階床梁(ゆかばり)
- 1階管柱(くだばしら)
- 土台

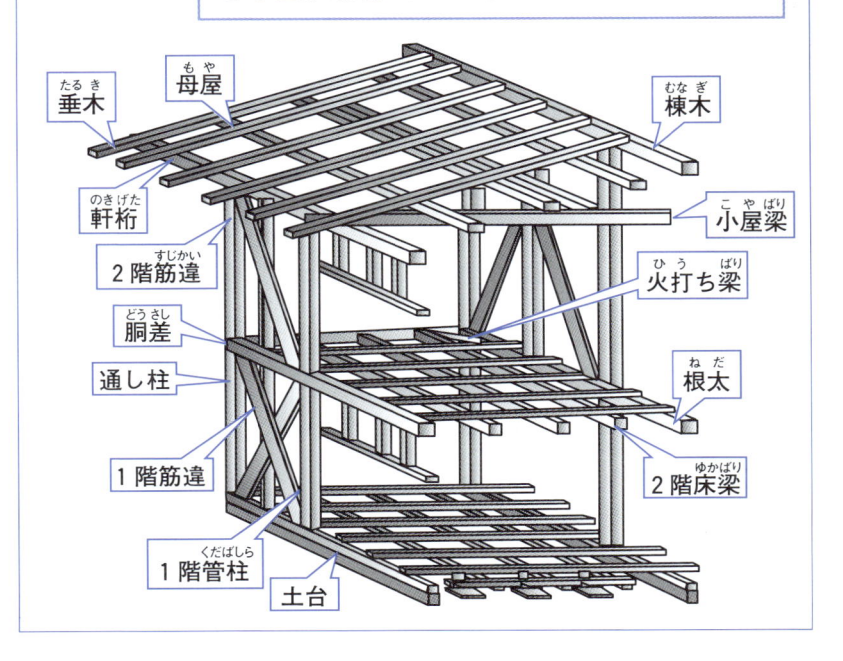

# 屋根の骨組、小屋組をつくる

## ～ひずみ直しと上棟式～

　骨組が完成したら、柱は垂直に、梁は水平になっているか、ひずみはないかチェックし、必要があればこの段階で直しておく。

　柱や壁が垂直に立っているかを調べるには、図のような「馬鹿棒」を使う。⑦と④を柱面に押しつけて、⑦から下げた糸の位置がズレていれば、柱が垂直に立っていないことになる。このようなひずみを見つけたら、ロープで引っぱるなどして修正し、部材同士の接合部分をしっかり締め直す。この作業をひずみ直しという。

　これが終わったら、屋根の骨組である小屋組をつくり始める。まず天井の一番上の梁の上に、小屋梁という太い部材を設置する。これは屋根の重みを支える重要な部材で、下に支えとなる部材がなく、屋根の荷重が大きくかかるため、曲げに強い松の丸太を使うことが多く、反り返ったものを使う場合は中央が高くなるようにして使う。

　この上に小屋束という垂直材を立てていき、小屋束の上に小屋梁と直交するように母屋という水平材を乗せる。屋根の勾配を出すために、中央の小屋束を一番高くし、外側にいくにつれて徐々に短くしていき、それに合わせて母屋も中央から段々と低くする。なお、一番高い小屋束に設置する部材は、母屋とは呼ばず、棟木と呼ぶ。

　また、小屋組には和小屋と洋小屋があり、住宅で使われるのは前者のほうで、寄せ棟、切り妻という形にできあがる。寄せ棟の屋根は、屋根の頂上に置く棟木を軸に、4方向に勾配のある形で、切り妻の屋根は、2つの面で山形に構成された形である。洋小屋は、トラスの組み合わせで構成される小屋組で、広い事務所や集会所など、間仕切りのない広い空間がある場合に使われる。

# 屋根を支える小屋組

## ■ひずみがないかチェックする

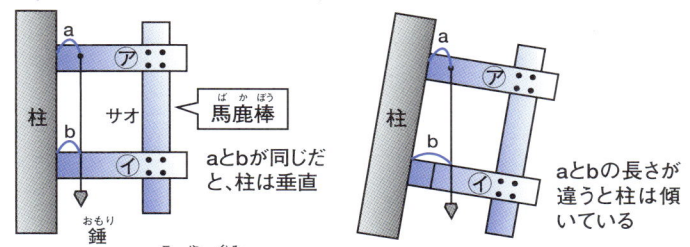

柱　サオ　ア　馬鹿棒（ばかぼう）
a、b
イ
錘（おもり）

aとbが同じだと、柱は垂直

柱　ア
a、b
イ

aとbの長さが違うと柱は傾いている

## ■いろいろな小屋組（こやぐみ）

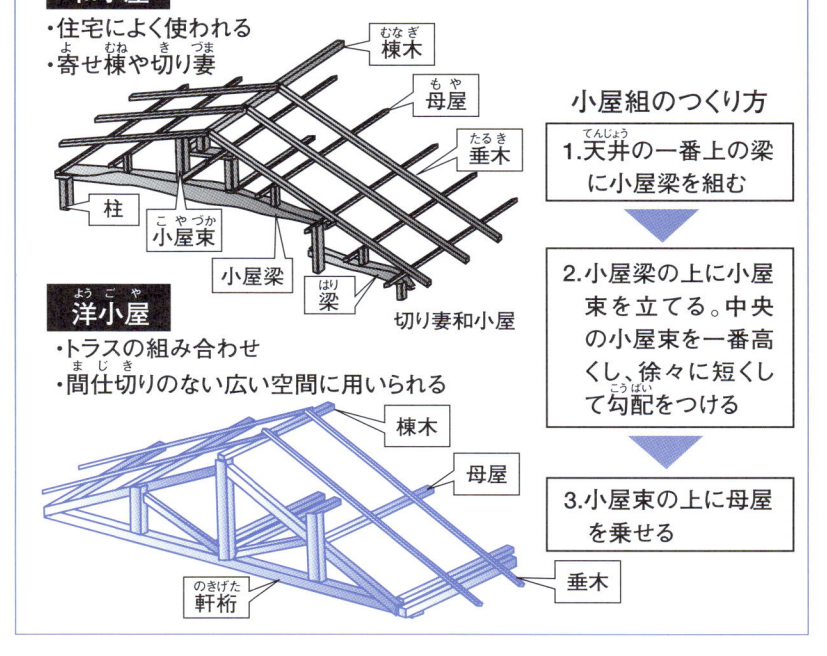

### 和小屋（わごや）

・住宅によく使われる
・寄せ棟や切り妻（よせむねきりつま）

棟木（むなぎ）
母屋（もや）
垂木（たるき）
柱
小屋束（こやづか）
小屋梁
梁（はり）

切り妻和小屋

### 洋小屋（ようごや）

・トラスの組み合わせ
・間仕切り（まじきり）のない広い空間に用いられる

棟木
母屋
垂木
軒桁（のきげた）

## 小屋組のつくり方

1. 天井（てんじょう）の一番上の梁に小屋梁を組む

↓

2. 小屋梁の上に小屋束を立てる。中央の小屋束を一番高くし、徐々に短くして勾配（こうばい）をつける

↓

3. 小屋束の上に母屋を乗せる

# 屋根を葺く

## 〜屋根工事の方法〜

これで小屋組完成で、建前は終了となるが、棟木を取り付けたとき（棟上げ）に、神様を祭り、落成まで無事に至ることを祈願するために上棟式を行なう。

上棟式が終わると、雨で濡れるのを防ぐため、屋根からつくる。まず、小屋組の母屋の上に直交させてだいたい45cmおきに木材を勾配に添って取り付ける。この木を垂木という。そしてこの垂木の上に屋根の下地となる板（野地板）を張りつける。屋根は雨に直接あたるので、しっかり防水措置を施さなくてはならない。野地板の上に防水シートを張り、その上から屋根の材料を葺いていく。

屋根は、雨をしのぐことが大きな目的なので、小屋組の上に葺く屋根の材料は、耐水性にすぐれていることが重要になる。また、火に強いこと、熱をさえぎること、軽いこと、といった要素も大切だ。

街を歩いているとき、屋根を観察してみると、屋根の材料にはいろいろな形や色があるのに気づくことと思うが、おもな屋根の材料には、瓦や、いわゆるトタン屋根と呼ばれる亜鉛メッキ鋼板、鉄板に樹脂を吹きつけた上に焼付けをしたカラー鉄板、長尺鉄板と呼ばれるものなどがある。

日本の住宅にもっともなじみがあるのは重厚感のある瓦だ。古くから使われているのは粘土を成形し焼いたもので、風によって吹き飛ばされないように、重量があった。現在では、アンカー（168ページ参照）でとめる方法がとられているので、軽い材料が使えるようになった。建物にかかる荷重が少なくなるので、このほうが都合がいいのだ。

# 雨から建物を守る屋根

## ■屋根のつくり方
建物の骨組ができたら、雨に濡れるのを防ぐため、屋根からつくっていく。

**❶**

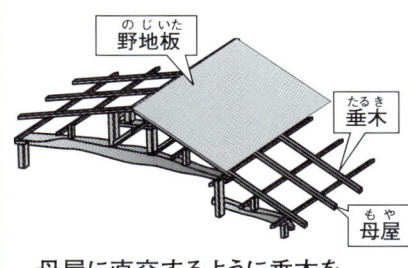

野地板(のじいた)
垂木(たるき)
母屋(もや)

母屋に直交するように垂木を取り付け、その上に屋根の下地となる野地板を張る

**❷**

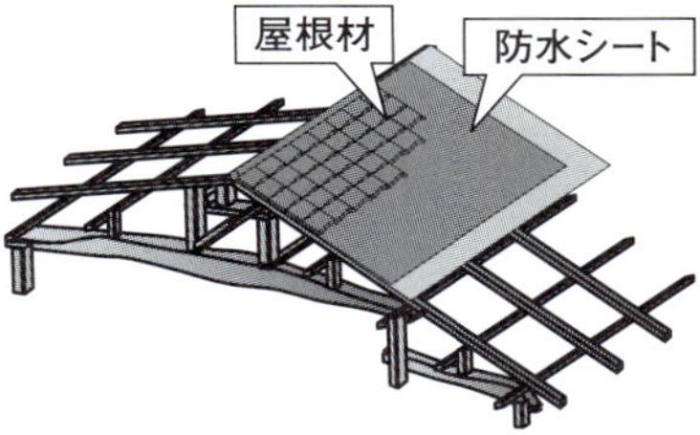

屋根材　防水シート

野地板の上に防水シートを張り、その上に屋根材の留め金具を取り付け、瓦(かわら)などの屋根材を葺(ふ)く

## ■おもな屋根材料

| 瓦 | トタン（亜鉛(あえん)メッキ鋼板） | カラー鉄板 |

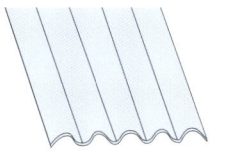

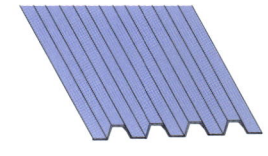

現在は、軽くて耐熱性にすぐれている屋根材料が、地震対策にも有効として、多く使われている

# 斜め材を入れて補強する

### ～水平材、垂直材だけでは不安定だから～

　次に、床や壁の骨組を仕上げる。柱などの垂直材と、梁などの水平材だけでは、地震などの水平方向からかかる力に負けてしまうことがある。ほぞ穴にほぞを差し込み、金具で固定しているし、部材の組み方も複雑で、簡単には崩れないはずだが、強い地震にも耐えるようにもうひとつ手を打っておきたい。そこで、部材が水平、垂直に組まれているのを確かめたうえで、斜め材を入れる。

　4本の部材を四角に組み、ボルト1本だけで接合したものを押すと、図のように簡単に変形してしまう。そこで、この四角の対角線となるように部材を1本入れる。すると、少し押したぐらいではびくともしなくなる。このように、骨組に斜めの部材を入れると、構造的に強くなる。

　斜め材も、場所によって名称が異なる。柱と柱のあいだの部材は筋違といい、力をかける方向によって圧縮を受ける場合と引張を受ける場合とがある。ふつう、筋違には柱より幅の狭い部材を使用するが、圧縮を受ける個所に入れるものは、荷重による座屈（122ページ参照）を避けるため、幅の広いものを使うこともある。接合は、筋違を取り付ける柱や土台、梁などに筋違の端の形の切り込みを入れ、そこに筋違を差し込み、金具を打ちつけてとめるやり方を使う。

　土台や梁が直交する個所にも斜めに部材を入れる。この水平部材を補強する斜めの部材を火打ちと呼び、土台に入れる火打ちを土台火打ち、梁と梁、梁と胴差が直交する個所に入れる火打ちを火打ち梁と呼ぶ。火打ちは一般的に、四角形の隅のみを補強するもので、隅から隅へ対角に渡らせることはない。

# 筋違、火打ちで補強する

■斜めに1本部材を入れるだけで

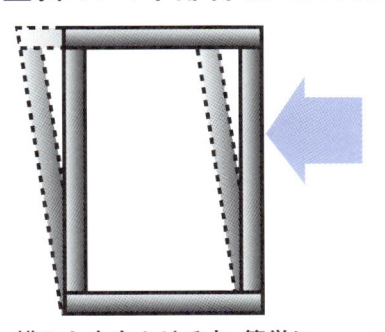

横から力をかけると、簡単に変形してしまう

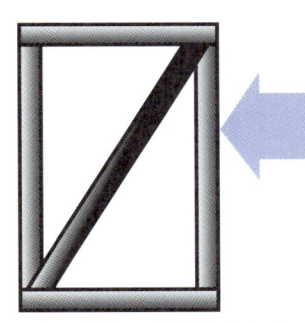

しかし

1本の斜めの部材を入れたらびくともしない

■骨組を補強する斜め材

地震や強風などの水平方向からかかる力に対抗するため、斜め材で補強する

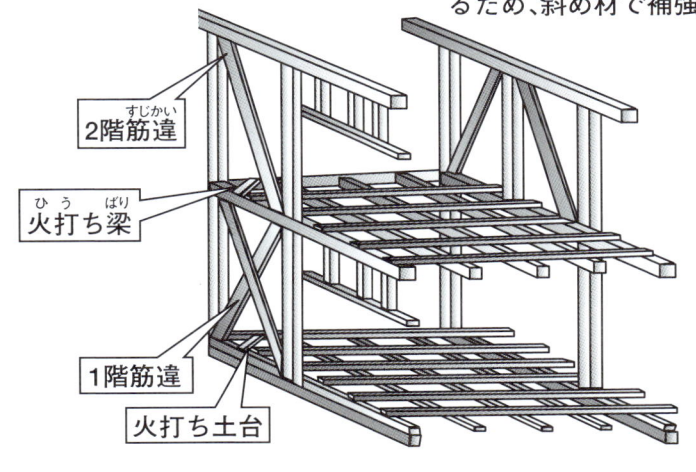

- 2階筋違(すじかい)
- 火打ち梁(ひうばり)
- 1階筋違
- 火打ち土台

# 床の骨組と仕上げ

## 〜床下はどんなしくみになっているか〜

　床は人や家具などを支えるものだ。時にはその上で人がとんだりはねたりすることもあるだろうから、頑丈なつくりでなければならない。ところが、床の板の厚さというのは、だいたい1cmくらいしかない。そんな薄い板で人や家具を支えることができるのかと心配になるところだが、床下には床を支えるためにたくさんの部材が組まれているので大丈夫なのだ。

　建物の一番下には基礎があり、その上に土台が乗っている。この上に厚さ1cmの板を直接乗せるだけで床をつくってしまうと、人や家具が乗ったときに床がたわみ、壊れてしまう。そこで、地面に90cmおきに束石というコンクリートか石を置き、その上に床束という垂直材を立てる。さらにその上に大引という水平材を乗せる。つまり、大引は90cmおきに並べられることになる。その上に、根太と呼ばれる角材を大引と直交するように30〜45cmおきに並べる。これほど多くの部材が床を支えているのである。むかしの住宅は、1階の床が高く、地面から50cmくらいあり、その場合には、床束と大引に対して根がらみ方杖という部材を斜めにかけて補強することもあった。

　2階の床は、束石と床束で支えることはできない。そこで、2階の床梁の部材には丈が大きく強度の大きい木材を使い、その上にだいたい30〜40cmの間隔で根太をかける。また、角の床梁と胴差にかかるように斜めに火打ち梁を入れ、ねじれを防止する。

　1階の床も2階の床も、根太の上に床板を張り、その上に畳やフローリングなどの仕上げを施す。

# たくさんの部材で床を支える

## ■1階の床組

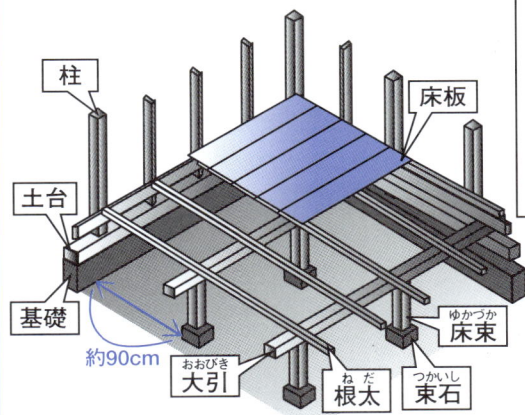

- 柱
- 床板
- 土台
- 基礎
- 約90cm
- 大引（おおびき）
- 根太（ねだ）
- 束石（つかいし）
- 床束（ゆかづか）

① 地面に束石を置く
② 束石の上に床束を立てる
③ 床束の上に大引を乗せる
④ 大引と直交させて根太を並べる
⑤ 根太の上に床板を張る

## ■2階の床組

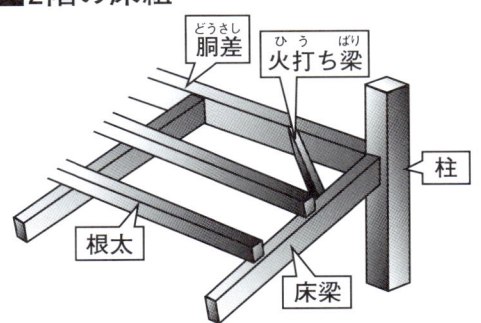

- 胴差（どうさし）
- 火打ち梁（ひうちばり）
- 柱
- 根太
- 床梁

① 柱に床梁を取り付ける
② 床梁の上に根太をかける
③ 根太の上に床板を張る
④ 角の部分は床梁と胴差にかかるよう火打ち梁を入れる

床下には床を支えるためのたくさんの部材が組まれている

# 壁をつくる

~真壁と大壁~

　壁の骨組は、建前の段階でほぼできあがっている。通し柱、管柱、胴差、筋違、これらが壁の芯を構成している。これに仕上げを施して骨組を完成させるのだが、壁の構造形式には2種類ある。

　1つは真壁といい、日本の伝統的な形式だ。むかしながらの土塗りの壁などは、柱が表に見えており、壁面が柱より奥まっている。このような仕上がりの壁が真壁だ。この形式では、柱と柱のあいだに貫という水平材を入れて細い筋違をかけ、貫と筋違に小舞竹（186ページ参照）を縄で取り付けて下地とする。最近では板で代用することも多い。その下地の上に壁土を塗る。真壁は柱より薄いので、貫と筋違には細い木材を使わざるを得ない。そのため、耐震力が弱いという点は否めない。ただし、柱が露出しているため、乾燥しやすく腐りにくいというメリットがある。

　もう1つは大壁といい、明治時代に海外から入ってきた洋風形式だ。この形式は柱が壁面の内側におさまっている。柱と柱のあいだに間柱という部材を垂直方向に立て、筋違をかける。その上にモルタルを塗るなどの仕上げを施す。場合にもよるが、柱の寸法が真壁と同じなら、大壁のほうが厚くなる。壁を厚くすることができるので、壁の内側に防火材を厚く塗り、防火効果を高くすることができる。また、壁を厚くすれば防音、保温効果も上がる。しかし、柱が壁の内部に入っているため、湿気対策は考えなくてはならない。

　現在では、すべての部屋が和室という住宅が少なくなってきたため、和室は真壁に、洋室は大壁にというように、両方の工法を使い分けている。

# 壁の構造

## ■真壁（しんかべ）

- 日本の伝統的な形式
- 柱より壁が薄い
- 耐震力が弱い
- 乾燥しやすく腐りにくい

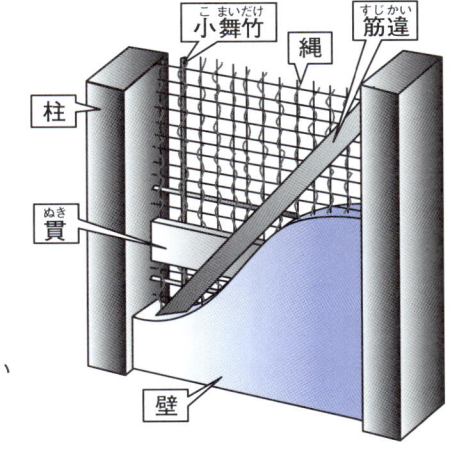

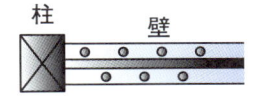

壁の厚みは柱の幅より小さい

（図中ラベル：小舞竹（こまいだけ）、縄、筋違（すじかい）、柱、貫（ぬき）、壁）

## ■大壁（おおかべ）

- 洋風形式
- 柱が壁面の内側におさまっている
- 壁が厚くできるので防音、保温効果が上がる
- 湿気対策を考えなければならない

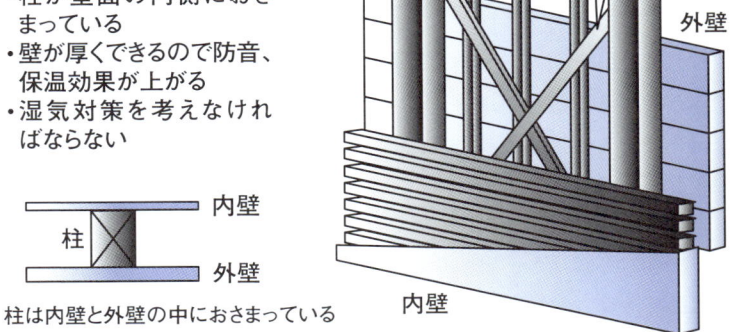

柱は内壁と外壁の中におさまっている

（図中ラベル：柱、間柱（まばしら）、筋違、外壁、内壁）

# 外壁をつくる

### ～外装工事～

　屋根、床、壁の骨組ができた時点で、外壁をつくれば、建物を雨や風から守ることができる。そこで、家の中を仕上げる前に、外装工事にとりかかる。家の外壁というのは、見た目をよくするだけでなく、前述の雨や風、あるいは火や熱、音などを遮断する役目がある。

　風から守るためには、ドアや窓などを取り付けるときにできるだけ壁との隙間をなくすことが大切だ。

　雨から守るためには、外壁に防水層という、水をシャットアウトする層を設ける。壁の骨組の上に板を張り、その板に防水層を取り付けるのだ。防水層の材料としては、アスファルトフェルトやモルタルなどがよく使われる（76ページ参照）ほか、合成ゴムや合成樹脂でできたシート状のものをつけることもある。

　外で起こった火事から家を守るには、壁の表面に不燃材料（80ページ参照）を張る必要がある。住宅密集地などでは、火が燃え広がらないように、不燃材料の使用が義務づけられている区域もある。

　外壁の仕上げは、防水などを施したあとに行なう。仕上げの方法には、塗り壁と張り壁とがある。塗り壁はモルタルやしっくいなどを塗って仕上げる（左官工事）。下地や防水材、断熱材の上にラスと呼ばれる金属網を取り付け、その上にモルタルを塗る。下塗り、上塗りと2回に分けて塗っていくことが多い。塗る方法には、従来からの手塗りと、コンプレッサーからの圧縮空気で吹きつける方法とがある。張り壁は板を張って仕上げる方法で、古くは下見板という横板を張っていたが、現在では、サイディングと呼ばれる外壁用の板材（材質は合板やセメント、金属など）などが多く使用される。

# 雨や風などを遮断する外壁

## ■雨から守る防水層を設ける

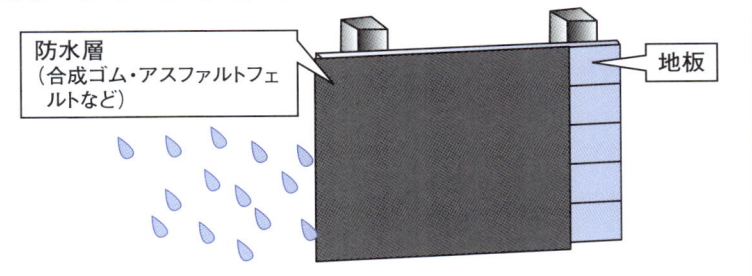

防水層（合成ゴム・アスファルトフェルトなど）

地板

## ■火事から守る不燃材料を張る

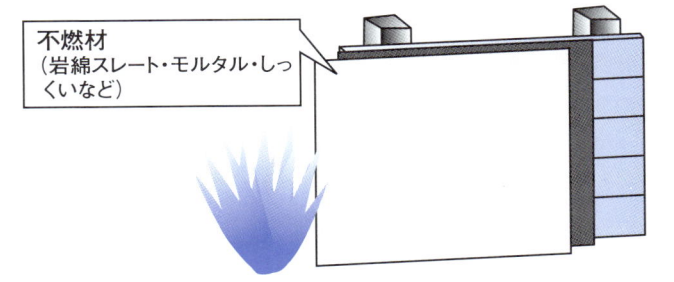

不燃材（岩綿スレート・モルタル・しっくいなど）

## ■最後に仕上げをする

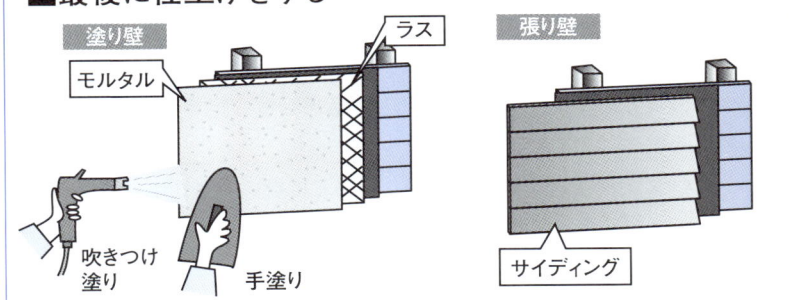

塗り壁

ラス
モルタル
吹きつけ塗り
手塗り

張り壁

サイディング

# 窓やドアなどを取り付ける

## ～敷居、鴨居の取り付け～

　窓やふすま、障子など、開閉して使われるもののことを建具という。建具というと、戸の部分だけを思い浮かべるかもしれないが、枠の部分も含めて建具である。

　枠の上下は戸がスムーズに動くように溝かレールになっている。この枠の下部の、床の上に置く木を敷居という。敷居は、部屋と部屋のあいだや、門の内外を区切るためのものでもある。家の中の敷居の段差は2、3mm程度の高さだが、神社や格調の高い家の門の敷居などには、高さが20cm以上もあり、またぐのに一苦労というものもある。また、枠の上の部分は鴨居という。

　木製の窓枠を使った窓や戸、ふすま、障子などの場合、敷居と鴨居を取り付けてから寸法を測り、多少大きくつくった戸を、削って微調整しながらはめ込む。戸を開け閉めするにはある程度、敷居・鴨居と戸のあいだに隙間が必要なのだが、あまり隙間が大きくても開閉するうちに戸がはずれたり、窓の場合は隙間風が部屋に入り込んだりする。精密さが要求される仕事である。

　最近では、ほとんどの家でアルミサッシやスチールサッシの窓が使われている。このサッシは、工場で枠と戸が製造され、すでに1つの建具として組まれた状態で工事現場へ運び込まれる。つまり、敷居も鴨居もすでに工場でつくられており、戸がうまく動くかどうかは検査で確認されているので、現場では壁に開けておいた穴に差し込んで固定すればいいだけになっている。施工の段階で要求されるのは、位置決めと垂直・水平の確認くらいになる。

# 建具を設置する

## ■建具(たてぐ)はこんなしくみになっている

### 建具とは開閉して使われるもの

窓

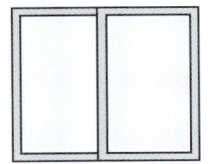

ふすま

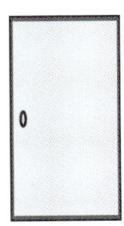

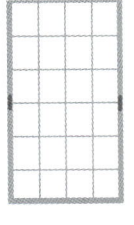

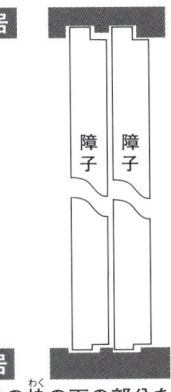

障子(しょうじ)

### 敷居(しきい)と鴨居(かもい)

鴨居

障子　障子

敷居

建具の枠(わく)の下の部分を敷居、上の部分を鴨居という

### 木製の窓枠を使った窓やふすまなどの場合

敷居や鴨居を取り付けてから寸法を測り、戸をはめ込む

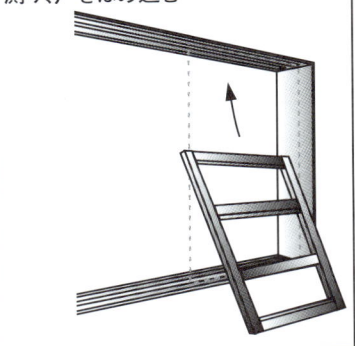

### サッシの場合

すでに工場で1つの建具として組み込まれたものを設置する

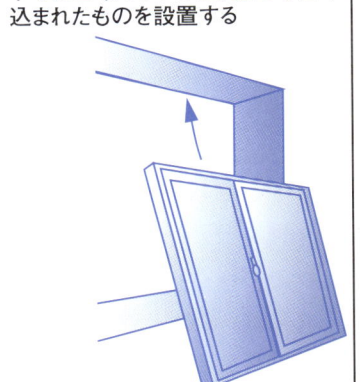

# 床・壁・天井を仕上げる

## ～下地と仕上げ～

　床・壁・天井の内装仕上げの方法を紹介しよう。

　まず、床について。床下には、根太（178ページ参照）が、30～45cmおきに並んでいるが、この根太の上に下地として床板を張り、その上に仕上げとして畳やカーペットを敷く、もしくはフローリングを張り合わせる。

　壁は、和風の部屋では真壁（180ページ参照）が一般的だ。その場合、貫の上に小舞竹と呼ばれる細い竹を縦横に取り付けて下地にし、その上に短く切ったワラを混ぜ込んだ土を塗る小舞壁と呼ばれる日本古来の工法を用いて仕上げとする。そのほか、ラスボードという穴の空いた石膏ボードを下地にし、石炭や石膏を主原料としたプラスターという材料を塗って仕上げる方法もある。現在では、乾燥させるのに手間と時間がかかるので、水を使う材料は用いずに、各種のボードなどを壁にはめて仕上げとする乾式工法が主流である。

　一方、洋室の部屋は大壁が多い。この場合は、間柱の上から板や石膏ボード、ラスボードなどを張って下地にし、その上からプラスターや、表面に化粧板を張った合板で仕上げをすることが多い。

　天井の仕上げも和風と洋風とで違う。伝統的な和風の天井に、竿縁天井がある。吊り木という細い部材を屋根の梁から吊り、それに野縁という水平材をかけ、さらにその下に竿縁という細い水平材を取り付け、その上に天井板を乗せるというもの。天井材を支えている竿縁が表から見える形になる。洋風の天井では、野縁の下に直接天井板を打ちつけ、格子枠の木材を見えないようにしている。

# 内装を仕上げる

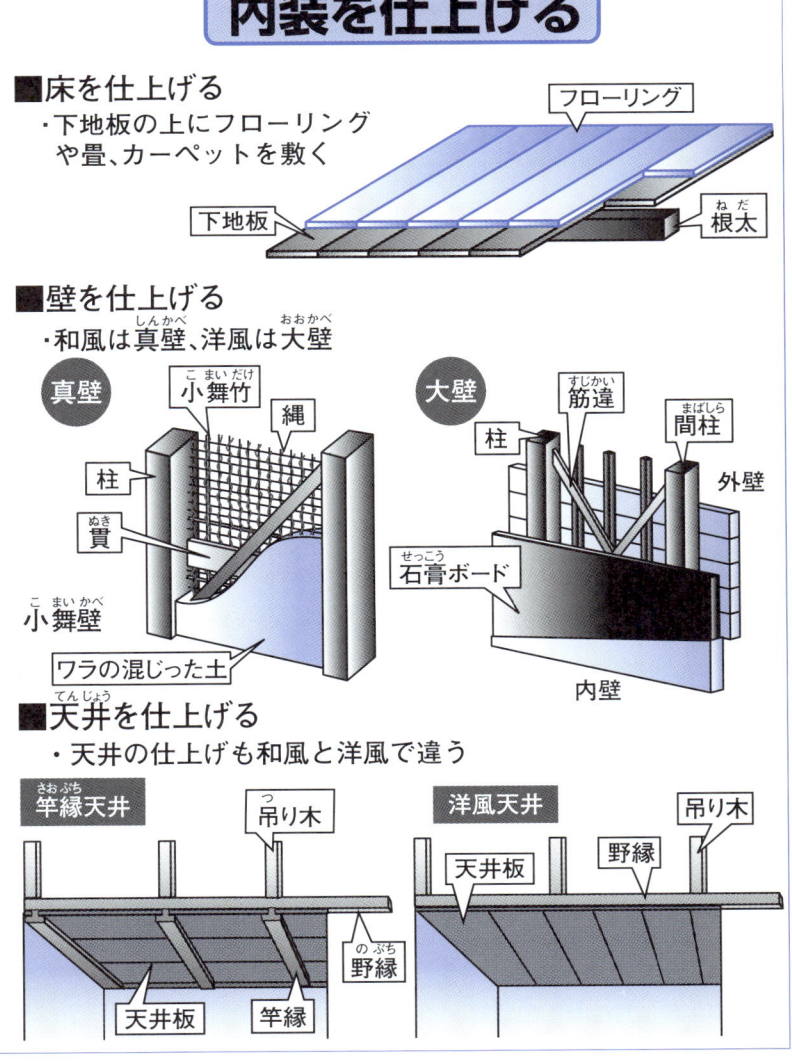

## ■床を仕上げる
・下地板の上にフローリングや畳、カーペットを敷く

- フローリング
- 下地板
- 根太（ねだ）

## ■壁を仕上げる
・和風は真壁（しんかべ）、洋風は大壁（おおかべ）

**真壁**
- 柱
- 小舞竹（こまいだけ）
- 縄
- 貫（ぬき）
- 小舞壁（こまいかべ）
- ワラの混じった土

**大壁**
- 柱
- 筋違（すじかい）
- 間柱（まばしら）
- 外壁
- 石膏（せっこう）ボード
- 内壁

## ■天井を仕上げる
・天井の仕上げも和風と洋風で違う

**竿縁天井（さおぶち）**
- 吊り木
- 野縁（のぶち）
- 天井板
- 竿縁

**洋風天井**
- 天井板
- 野縁
- 吊り木

# 設備工事には前準備が必要

## ～基礎をつくる段階で～

　家の中には、われわれが生活するために不可欠な、台所やお風呂、トイレなどに使う水、料理や湯沸かしに必要なガス、冷暖房や照明、各種の電化製品を使用するための電気などを供給する設備を設置する必要がある。さらに使った水を外へ排水する設備なども必要である。

　ガスや水道、電気などは、管や電線を通って、各公共施設から建物の中に供給され、それぞれの設備まで運ばれる。設備は建物の壁や床などができあがってから設置するのだが、管や電線を通す穴は骨組をつくる段階で空けておく必要がある。

　各公共施設から家の中に供給されるもの、または家の中から排出する下水の管は、地下を通っている場合が多い。つまり、管は鉄筋コンクリートの基礎から建物の中へと通じているため、基礎にその管を通す穴を空けておかなくてはならないのだ。その方法の1つとして、箱入れという作業がある。古くは、板で箱をつくり、コンクリートの型枠の中に入れていた。近年は、厚紙製のパイプを箱の代わりにすることが多い。箱の部分の鉄筋は切って、別の鉄筋でまわりを補強し、コンクリートを流し込む。こうしてコンクリートが固まったら中に入れた型を抜き、その穴に管を通す。家の中では、壁の内部に空間（パイプスペース）をつくって、そこに管を納める。

　こういった準備をしないと、給排水設備、通気管（190ページ参照）などの衛生設備、避雷針、テレビや電話などの電気設備、空調・換気設備などの設置ができなくなり、建物は立派でも、人の住めない家になる。

## 管や線のスペースをとる

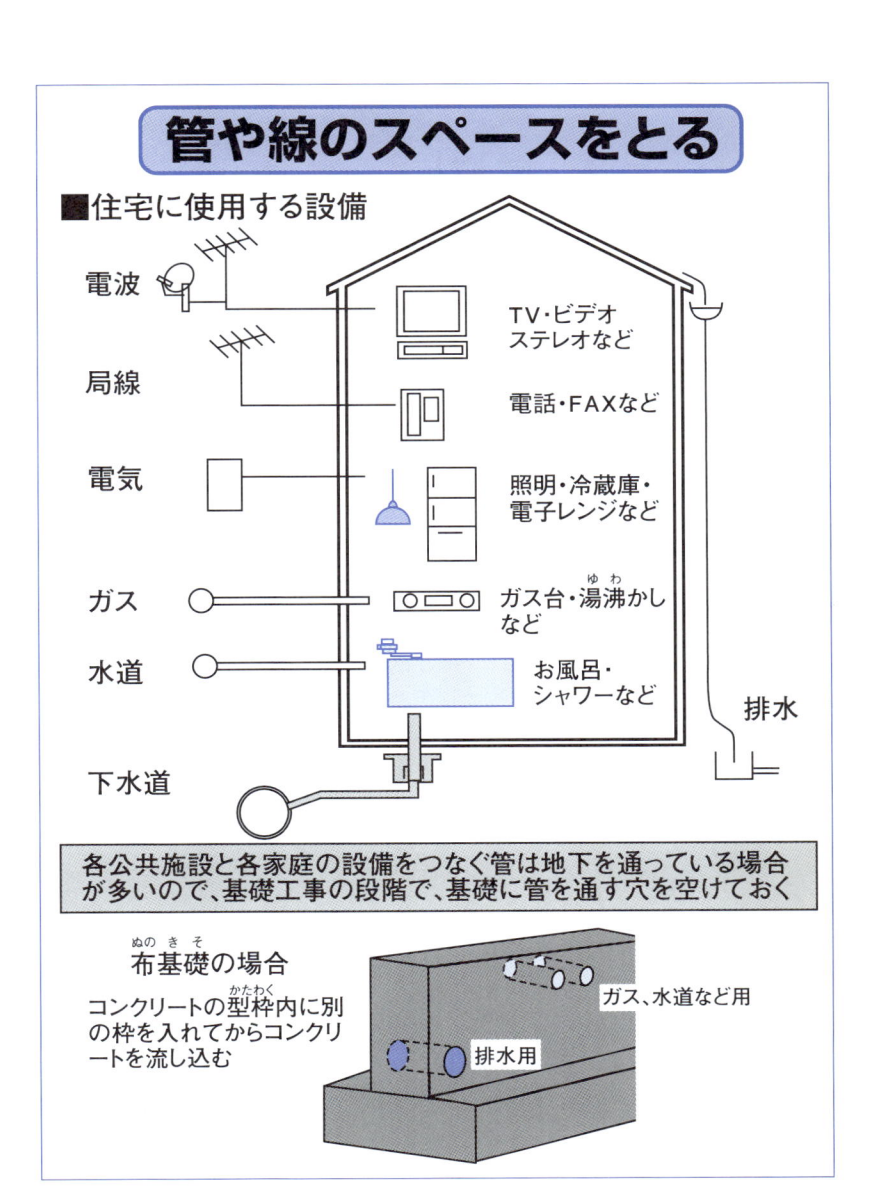

■住宅に使用する設備

- 電波
- 局線
- 電気
- ガス
- 水道
- 下水道
- 排水

TV・ビデオステレオなど

電話・FAXなど

照明・冷蔵庫・電子レンジなど

ガス台・湯沸かしなど

お風呂・シャワーなど

各公共施設と各家庭の設備をつなぐ管は地下を通っている場合が多いので、基礎工事の段階で、基礎に管を通す穴を空けておく

### 布基礎の場合

コンクリートの型枠内に別の枠を入れてからコンクリートを流し込む

ガス、水道など用

排水用

# 給水・排水の しくみ

## ～配水管の水圧を利用する～

　この項では、なぜ蛇口から勢いよく水が流れるのか、なぜ2階のトイレに水が届くのかといった水が供給されるしくみを説明しよう。

　各家庭まで水は配水管を通って送られてくる。配水管の途中に設けられたポンプが水に圧力をかけて送っているのだ。この、水の圧力を水圧という。

　通常、蛇口から水を流すのに最低限必要な水圧は$0.3kg/cm^2$くらい、シャワーに必要なのは$0.7kg/cm^2$程度だ。家庭に水を運ぶ配水管の水圧は$1.5kg/cm^2$くらいあるので、2階建ての住宅の場合は、その配水管の水圧を使って、各設備に水を供給することができる。

　ただ、そのままでは水圧が高すぎるので、洗面所やトイレ、シャワーなどの用途によって管の途中に調節弁を設け、水圧を下げている。大きなビルの場合は、配水管の水圧では上の階まで水が届かないので、一旦水を貯める受水槽とその水を送り出すポンプを使う。

　使った水は、重力に任せて直接屋外の下水管に流すか、地下の排水槽に流し込む。ところで、洗面台の排水管は、図のように曲がっている。これをトラップ（水封）といい、つねに水を貯めておくことで、排水管内の臭気が室内に侵入するのを防いでいる。1階と2階の洗面所の管がつながっていると、1階の洗面所で一気に多量の排水をしたとき、その力が2階のトラップに貯まっている水を下に引っ張る。すると、蓋の役目をしていた水がなくなり、下水の臭気が上がってくる。それを防ぐために、外気を取り入れるための通気管を設けて空気を通しておくと、空気のほうが引っ張られ、2階のトラップの水は引っ張られない。こんな工夫も必要なのだ。

# 給水と排水の設備

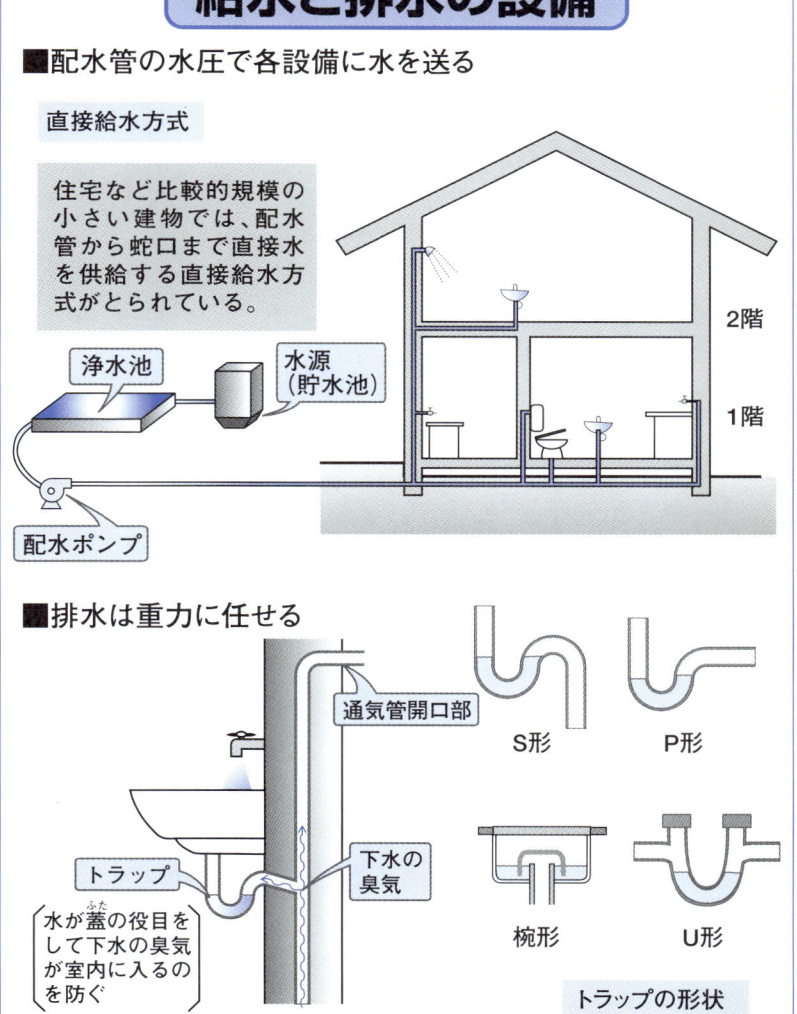

## ■配水管の水圧で各設備に水を送る

**直接給水方式**

住宅など比較的規模の小さい建物では、配水管から蛇口まで直接水を供給する直接給水方式がとられている。

- 浄水池
- 水源（貯水池）
- 配水ポンプ
- 2階
- 1階

## ■排水は重力に任せる

- 通気管開口部
- トラップ
- 下水の臭気

（水が蓋の役目をして下水の臭気が室内に入るのを防ぐ）

S形　P形　椀形　U形

トラップの形状

# 鉄筋コンクリートづくりのビルをつくる

### 〜全体の作業工程は〜

では次に、背の高い鉄筋コンクリートづくりのビルのつくり方を見ていこう。

鉄筋コンクリートづくりの工程は、測量から始まり、地盤整備、仮設工事、基礎工事、骨組をつくる鉄筋コンクリート工事、仕上げ工事と進んでいく。

基本的な流れは木造住宅と同じなのだが、骨組となる構造部材を組む鉄筋コンクリート工事には、型枠(かたわく)工事、鉄筋工事、コンクリート工事といった3種類の専門工事が必要だし、仕上げ工事のなかの設備工事でも、エレベータや消火設備など、住宅にはない多くの設備が備えつけられる。また、大規模な建物は大がかりな工事となり、施工(せこう)にたずさわる延べ人数も多くなる。

一般住宅にくらべて工程は複雑で、現場監督はそれをうまくまとめて進めていかなくてはならない。34ページで紹介した各専門工事業者が入れ替わり立ち替わり現場にやってくるので、同時に複数の専門工事を進めたり、スムーズに次の工程に移行できるように、各工事のスケジュールなどを調整し、うまく連携をとって進めていくことが大切だ。

全工程のなかで、各作業にどれだけの時間がかかるのか、それをどういう順番で行なうか、またある作業と別の作業の連携をどうとるかを考え、部材や機材の納期を確認しながら、もっとも効率よく作業が運び、全体日程の短縮ができるような計画を立てるために、ネットワークという手法を用いる。とくに複雑な工程になる場合は、コンピュータを使ってネットワークを解析することもある。

# 複雑な作業工程

木造住宅と同じように、測量→地盤整備→仮設工事→基礎工事→骨組の組み立て→仕上げ工事と進む。

## ■鉄筋コンクリート工事

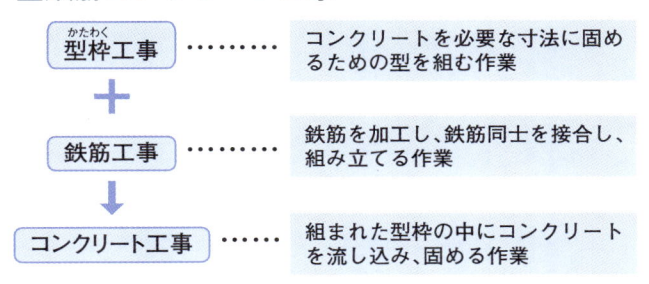

型枠工事 ……… コンクリートを必要な寸法に固めるための型を組む作業

＋

鉄筋工事 ……… 鉄筋を加工し、鉄筋同士を接合し、組み立てる作業

↓

コンクリート工事 ……… 組まれた型枠の中にコンクリートを流し込み、固める作業

鉄筋コンクリート工事のほか、たくさんの専門工事が必要となる。鉄筋コンクリートづくりのビルの建築工事は、各専門工事の連携が必要である。

## ■ネットワーク手法とは

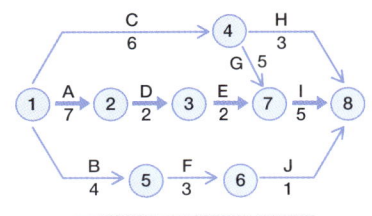

ネットワーク工程表例

A、B、Cの工事を同時に開始し、Aは7日、Bは4日、Cは6日かかるものと見込む。Aの作業が終了すればDの作業、Dの作業が終わればEの作業へと流れる。そのとき、Gの作業が終わっていればIの工事にかかる、といったことを表している。

ネットワーク工程表とは、作業の流れと工期を丸印と矢印の組み合わせによって表示するものである。各工事の相互関係や工事の進捗状況、発生する問題等がわかりやすく、日程管理に便利である。

# はじめにとりかかる仮設工事

~仮設工事の種類~

　工程が組まれて、まずはじめにとりかかるのが、仮設工事である。鉄筋コンクリートづくりの背の高いビルの場合、仮設工事もたくさんの種類があり、大きく共通仮設工事と直接仮設工事に分かれる。

　ビルを建てる工事は、いくつもの専門工事の連携で成り立っているが、共通仮設工事というのは、工事全体をとおして、各専門工事に共通して必要なものを設置するための工事である。たとえば、工事現場のまわりに建てる塀（仮囲い）、工事事務所や宿舎などの建物、工事中の安全防災設備、ゴミを入れる箱や片付けをするための設備、工事に使う電気や水関係の施設を設置する工事などがある。

　直接仮設工事は、各専門工事ごとに必要なものをつくる工事だ。たとえば、水盛り・遣り方（108ページ参照）、山留め（110ページ参照）などの工事や、コンクリート工事（204ページ参照）に使用する設備をつくる工事などだ。

　仮設工事だけで大きな工事になり、工事費でいうと、共通仮設工事で全体の工事の最低3％くらいを占める。住宅の場合はこれほどの仮設工事は行なわないが、ある程度以上の規模の建物になると、各専門工事の連携がうまくとれるように、また、安全を確保するために、仮設の施設を設置しなくてはならないと法律に定められている。

　建築基準法や労働基準法、消防法には仮設工事についての規定がある。たとえば建築基準法には、木造以外の建物で、2階以上の高さがあるビル工事の場合は、近所の住人や通行人に危害が及ばないように、工事現場のまわりに高さ1.8m以上の仮囲いを取り付けることが定められているのだ。

# 共通仮設工事と直接仮設工事

## 共通仮設工事

- 事務所やトイレなどの仮設の建物
- 仮囲いなど工事施設
- 電力、用水設備
- 環境安全設備
- 整理・清掃のための設備
- 資材管理

工事事務所
仮設トイレ

## 直接仮設工事

- 測量
- 水盛り、遣り方
- 山留め
- 足場
- コンクリート工事のための設備

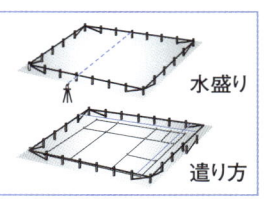

水盛り
遣り方

### 法律で仮設工事の規定が設けられている

たとえば、建築基準法では、木造以外の建物で、2階建て以上の高さのある場合は、仮囲いを設置する必要があると定められている。

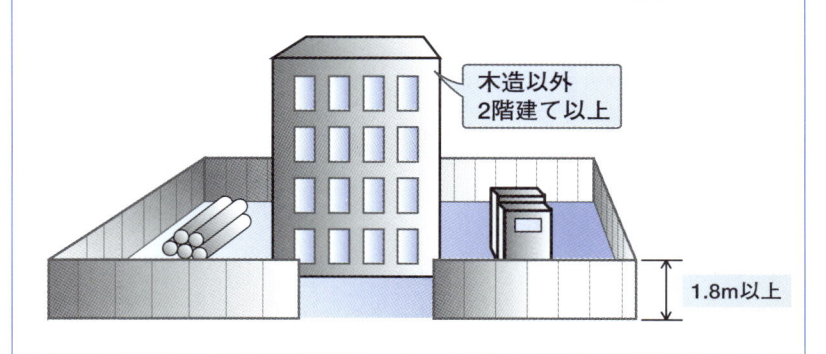

木造以外 2階建て以上

1.8m以上

# ビルの基礎をつくる

## 〜直接基礎と杭基礎〜

　102ページで説明したように、基礎には直接基礎と杭基礎がある。住宅では、直接基礎の一種である布基礎にすることが多いが、大きなビルなどの場合、布基礎では建物を十分支えきれないので、同じ直接基礎の一種で建物の下一面にコンクリートを敷いたベタ基礎の形をとることが多い。要は、コンクリートの座布団の上にビルが乗っている状態だ。布基礎よりも、建物の荷重を受ける地盤の面積が大きくなるので、不等沈下（104ページ参照）の心配が少ない。20階建以上の建物になると、すべてベタ基礎が用いられている。

　杭基礎は、浅い所の地盤がやわらかく、深く掘らないと固い地盤が現れてこない場合などに用いられ、ビルの下に数十、数百本の杭を打ち、固い地盤に食い込ませて建物を支える。固い地盤まで届かない場合は、杭とその周辺の地盤との摩擦抵抗力によって建物を支持する方法もある。杭の材料には、コンクリートや木材、鋼鉄があるが、現在、木材はほとんど用いられておらず、コンクリート杭がもっとも多く使われている。

　コンクリート杭の工法として、打ち込み杭工法がある。ハンマーなどで杭を地盤に直接打ち込んでいく方法だ。以前はこの工法がよく用いられていたが、杭を打つときに大きな音や振動が発生するので、最近では埋込み杭工法が多くなってきた。これは、地盤に穴を掘り、その中にあらかじめつくっておいた杭を差し込んで、地盤と杭をしっかり固定する方法である。ほかに、地盤に空けた穴の中にコンクリートを流し込んで杭をつくる、場所打ちコンクリート杭工法もある。

# ビルを支える基礎

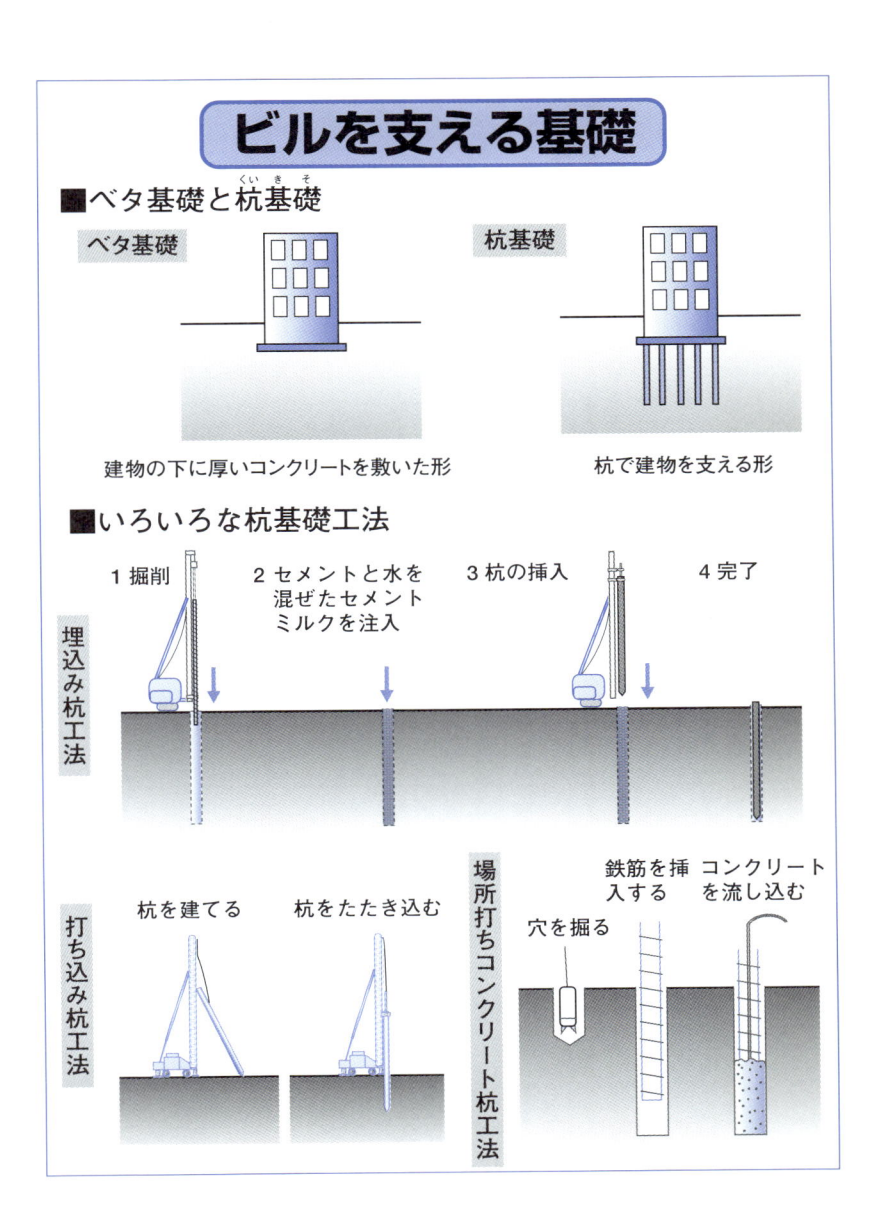

## ■ベタ基礎と杭基礎

ベタ基礎

建物の下に厚いコンクリートを敷いた形

杭基礎

杭で建物を支える形

## ■いろいろな杭基礎工法

**埋込み杭工法**
1 掘削
2 セメントと水を混ぜたセメントミルクを注入
3 杭の挿入
4 完了

**打ち込み杭工法**
杭を建てる
杭をたたき込む

**場所打ちコンクリート杭工法**
穴を掘る
鉄筋を挿入する
コンクリートを流し込む

# 鉄筋コンクリートづくりの骨組

## ～鉄筋・型枠・コンクリート工事～

　鉄筋コンクリートづくりのビルの骨組には、鉄筋とコンクリートを組み合わせた鉄筋コンクリートを使用する。木材のように部材を組み立てるだけではなく、部材をつくりながら骨組を形成していくため、複雑な工事となる。鉄筋コンクリート工事は大きく、鉄筋工事、型枠工事、コンクリート工事に分かれており、これらを連携しながら進めていく。

　施工の手順を簡単に説明しよう。

　まずはじめに、鉄筋を組んだり型枠を設置する位置を正確に決めて印をつける墨出しという作業を行なう。まず型枠の一方の面を設置し、鉄筋を組んで（この作業を配筋という）から、残りの半分の型枠を設置し、コンクリートを流し込んで固め、型枠をはずす。半分ずつ型枠を設置するのは、両側の型枠を組んでしまったあとでは、その中に配筋するのがむずかしいからだ。

　この作業は、まず基礎から進める。それから門型といって、柱と梁、床を一緒につくる。西欧諸国では柱と梁、床を別々につくる形式が多いが、部材を別々につくり、あとで部材同士を接合すると、継ぎ目が弱くなるため、地震の多い日本では門型がとられている。また、それぞれの部材を1つ1つつくるより、一度につくってしまったほうが早いという、時間節約のメリットもある。

　配筋とコンクリートの型枠の取り付けに狂いがあると、鉄筋コンクリートの荷重を支える力が十分に発揮できないので、綿密な検査を行ない、問題があればすぐに手直しをする。

　では、それぞれの工事についてもう少し具体的に見てみよう。

# 鉄筋コンクリート工事

■柱と梁、床を一緒につくる

① 外側型枠
② 鉄筋
③ 内側型枠
④ コンクリート
山留め壁
土

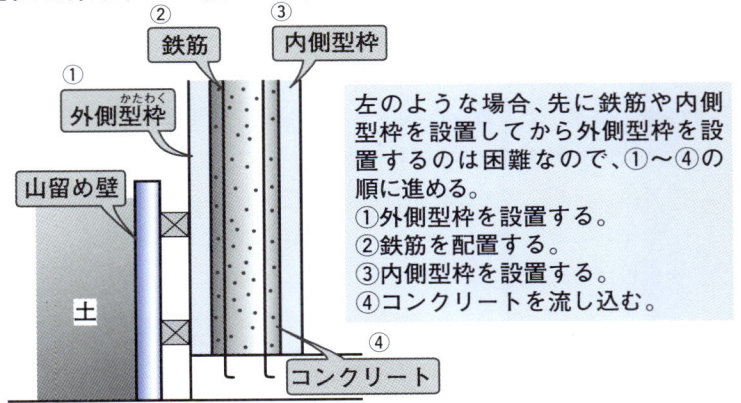

左のような場合、先に鉄筋や内側型枠を設置してから外側型枠を設置するのは困難なので、①～④の順に進める。
①外側型枠を設置する。
②鉄筋を配置する。
③内側型枠を設置する。
④コンクリートを流し込む。

■鉄筋コンクリート工事の進め方

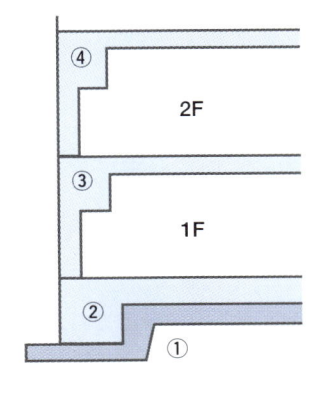

①地業のコンクリートを打つ（捨てコンクリート）。
②基礎と1階床を一度につくる。
③1階壁、1階梁、2階床を同時につくる。
④2階壁、2階梁、3階床…と進める。

# コンクリートの型枠を組む

### ～型枠工事～

　コンクリート型枠(かたわく)工事は、コンクリートを流し込んで固めるための枠を組み立て、コンクリートが固まってから撤去する仮設工事の1つである。コンクリートは流動体なので、必要な部材の寸法に固めるには、板で枠を組み、流し込んで固めなくてはならないのだ。

　型枠は、せき板(ばん)、支保工(しほこう)、その他の付属品によって構成される。せき板は流し込むコンクリートの型となる板で、合板(ごうはん)、鋼板(こうはん)、プラスチック製などがある。支保工とはせき板を支えるもので、端太角(ばたかく)と呼ばれる木製の角材や、木製または鋼製の支柱材などがある。付属品には、せき板同士の距離を一定に保ち固定するセパレータや、それを締めつけるフォームタイなどがある。型枠の寸法や設置する角度に狂いがあると、構造材としての強度が落ちるため、型枠工事に入る前に、出来上がり寸法を確認し、型枠の配置図や支保工の組立図などをつくり、正確に組み立てる必要がある。

　また、コンクリートが流し込まれて固まるまでのあいだ、コンクリートの重みと、固まるまでに起こりうる地震の衝撃に耐えられる構造でなくてはならないので、型枠にかかる圧力（側圧(そくあつ)という）の大きさや、固まるまでの時間なども考慮しなくてはならない。コンクリートを流し込む速度が速く、コンクリートがやわらかいほど側圧は大きくなる。温度が高ければ固まるまでの時間が短かくなり、側圧の減少が早くなるといったことを考慮する必要があるのだ。

　固めるのにどのくらいの日数をかけるかは、セメントの種類や気温、コンクリートをどのくらいの強度にするかなど、さまざまな要因がからみ合い複雑なので、綿密な計画が必要になる。

# コンクリートを流し込む型枠

■型枠はこのように組まれる

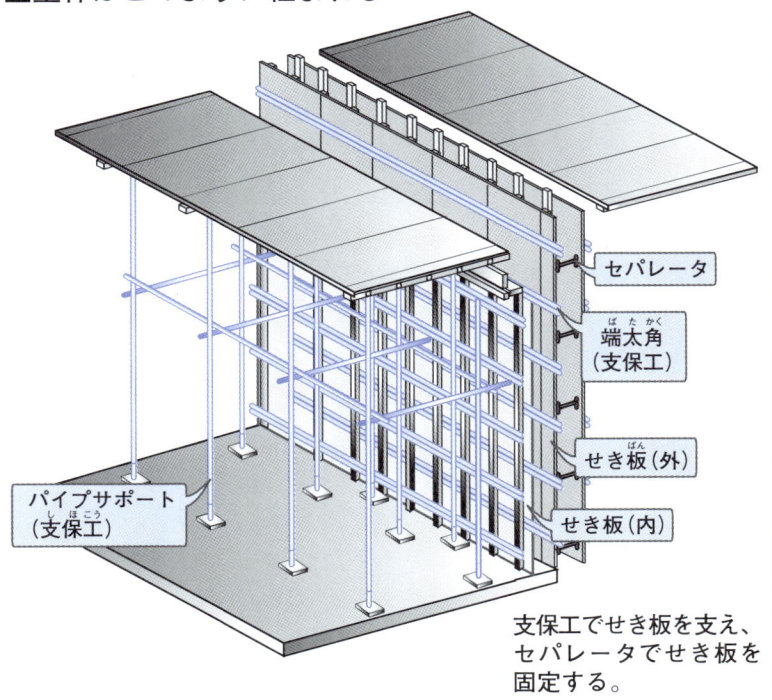

- セパレータ
- 端太角(支保工)
- せき板(外)
- せき板(内)
- パイプサポート(支保工)

支保工でせき板を支え、セパレータでせき板を固定する。

■コンクリートの側圧が大きくなる要素

- コンクリートの流し込み深さが大きい場合
- コンクリートを流し込む速度が速い場合
- 気温が低い場合(凝結が遅くなる)
- 重い骨材を使用する場合(比重が大きくなる)
- とくに入念に固めるためバイブレーターを長時間かける場合

# 骨組の鉄筋を組む

## ～鉄筋工事～

　鉄筋コンクリート用の鉄筋には、表面がつるつるしている丸鋼と、表面に突起のついた異形棒鋼がある。表面がデコボコしているほうが鉄筋とコンクリートがズレずにしっかりくっつくというメリットがあり、最近ではほとんど異形棒鋼が使われている。

　これらの鉄筋とコンクリートとがそれぞれの機能を十分発揮できるような状態にするための要素として、①コンクリートのかぶり厚さ、②鉄筋のボンド、③継手を考慮する必要がある。

　①のかぶり厚さは、中の鉄筋の表面とそれを覆うコンクリートの表面までの距離のことだ。かぶり厚さが小さいと中性化（66ページ参照）が起こりやすく、かぶり厚さが大きいほど鉄筋がダメージを受ける可能性が低く、鉄筋コンクリートの耐久性が高くなる。型枠の設置や配筋は、適当なかぶり厚さとなるように行なう必要がある。

　②のボンドとは、鉄筋がコンクリートから抜けたり動いたりしないように、鉄筋をしっかり定着させることだ。まっすぐの鉄筋を入れておくだけでは抜けてしまうこともあるので、図のように先を曲げてまわりのコンクリートを抱え込む。曲げ半径をどれくらいとるかは、鉄筋の種類や入れる場所、必要な強度などによって考える。

　③の継手は、鉄筋同士をつなぐこと。鉄筋は継いで使うが、つなぎ目の強度が弱くならないように接合しなくてはならない。2つの鉄筋を平行に重ね合わせる重ね継手や、断面に圧力をかけながら溶接する圧接継手などがある。

　またこのほか、コンクリートのどの部分に鉄筋を組むかといったことも、強度を確保する面で重要である。

# 鉄筋を組むときのポイント

## ■ポイント1　コンクリートのかぶり厚さ

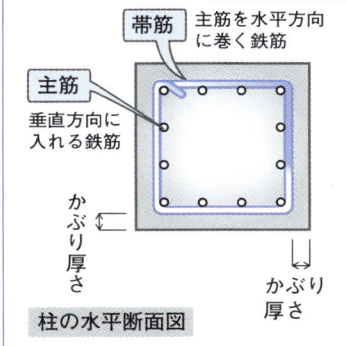

帯筋：主筋を水平方向に巻く鉄筋
主筋：垂直方向に入れる鉄筋

柱の水平断面図

必要なかぶり厚さ（mm）

| | |
|---|---|
| 屋根・床 | 30〜40 |
| 柱・梁（はり） | 40〜50 |
| 擁壁（ようへき） | 50 |
| 基礎 | 60 |

## ■ポイント2　鉄筋のボンド

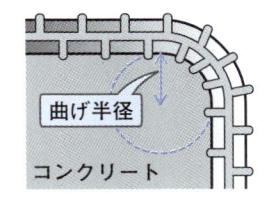

曲げ半径
コンクリート

鉄筋の曲げ半径は、鉄筋の種類（丸鋼（まるこう）か異形棒鋼（いけいぼうこう）か）・鉄筋の使用個所によって、定められている。

## ■ポイント3　継手（つぎて）（鉄筋同士の接合）

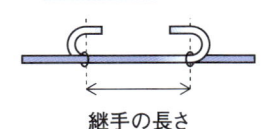

**重ね継手**
継手の長さ
2本の鉄筋を平行に重ね合わせて針金で固定する

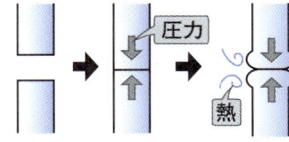

**圧接継手（ガス圧接継手）**
圧力　熱
鉄筋同士をつき合わせる　→　炎で加熱しながら加圧する　→　溶けてつながる

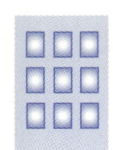

# コンクリートを打つ

~コンクリート工事~

　コンクリートは、バッチャープラントと呼ばれるコンクリート練り工場で材料を調合し、トラックミキサーで現場まで運ぶ。それを型枠に流し込み（現場ではコンクリートを打つという）、しばらくのあいだ置いて（養生という）、型枠を取りはずす。この一連の工事を、現場打ちコンクリート工事という。

　コンクリートというものは、いいかげんな施工ではうまい具合に固まってくれないので、取り扱いにはいろいろと注意が必要だ。

　たとえば、現場まで運搬するときには、車の振動によってモルタルと砂利が分離しやすいので、トラックミキサーでずっと混ぜ合わせることが必要だ。また、時間がたつとコンクリートは固まり始めるので、プラントで混ぜ始めてから、現場へ運び、流し込むまで、気温によっても異なるが、1時間を超えないようにする。

　型枠への打ち込みもたいへんだ。水セメント比（60ページ参照）の小さいほうが強度は大きいが、流し込みにくい。鉄筋コンクリートの型枠には何本も鉄筋が入っているため、水セメント比の小さいコンクリートを、鉄筋のあいだにいき渡らせるのはむずかしい。そこで、バイブレーターという道具でコンクリートに振動を与え、気泡をなくすと同時に、コンクリートを隅々まで均等にいき渡らせる。

　養生では、温度や湿度を考慮する。セメントの水和反応（58ページ参照）がうまく進むためには、適度な温度と十分な湿度が必要だ。暑い季節には水分が急激に蒸発して、割れやひびなどが発生する可能性があるので、水や骨材をなるべく低温にするなどの措置をとる。また、寒い季節には凍結防止のためにヒーターで温めることもある。

## 取り扱いには注意が必要

■コンクリート工事のプロセス

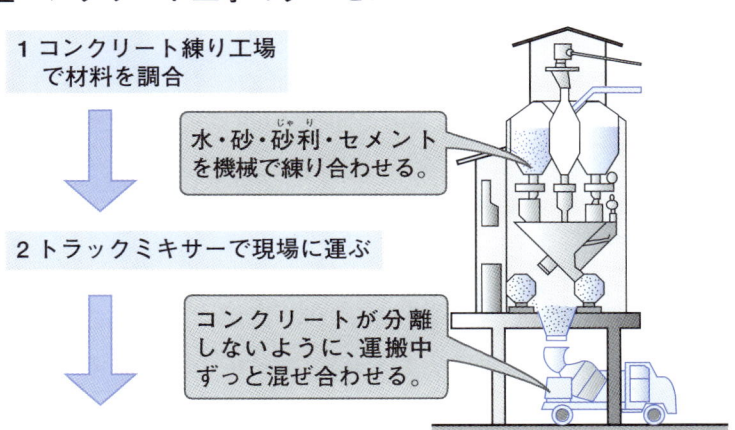

**1 コンクリート練り工場で材料を調合**

水・砂・砂利(じゃり)・セメントを機械で練り合わせる。

**2 トラックミキサーで現場に運ぶ**

コンクリートが分離しないように、運搬中ずっと混ぜ合わせる。

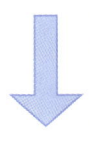

**3 型枠(かたわく)に流し込む**

鉄筋が入っているため、流し込みにくいので、バイブレーターで振動を与え隅々までいき渡らせる。

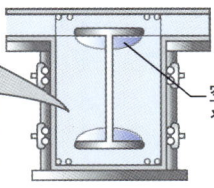

空洞ができやすい

**4 養生(ようじょう)** ……………… 打ち込み後は水を噴霧したり、マットをかけたりして湿潤に保つ。通常は7日間以上養生する。打ち込み後、少なくとも5日間以上は、コンクリートの温度を2℃以上に保つ。

**5 型枠をはずす** …… 主要構造体でなければ養生は2〜4週間でよいが、床下や梁下(はりした)は少なくとも6週間ははずさない。

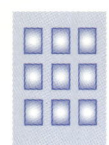

# ビルの外壁を張る

## ～外装の材料は～

　鉄筋コンクリートは強度が大きく、すぐれた構造部材なのだが、コンクリートがそのまま建物の表面に出ているのは都合がよくない。コンクリートにはひびが入りやすく、そこに雨などの水分が入り込むと、中性化（66ページ参照）が起こり、鉄筋のサビが促進され、結果的に建築物の耐久性が落ちてしまうからだ。そこで、木造と同じように、防水層（76ページ参照）を設けたり、下地と仕上げを施したりすることが必要になる。

　外装に用いる材料には、陶磁器質のタイルや石などがある。タイルは、耐水性、耐火性にすぐれており、外装だけでなく、内装や床などにも使われる。コンクリートの上に下地としてモルタルを塗り、そこにタイルを張り付ける方法が一般的だが、ALCパネルなどを使うこともある。ALCパネルとは、セメントや石灰を主原料とした軽量のコンクリートパネルで、内部に防錆対策を施した鉄筋が入っているので、パネル固定の方法が適切であれば、耐震性能も高い。

　また、できあがったコンクリートの表面にタイルを張るのではなく、鉄筋コンクリート工事の段階で、型枠の内側にタイルを張り込んでおき、そこにコンクリートを打って取り付けるという方法も、そう多くはないが行なわれている。

　石は、薄く加工する技術が進歩してきたので、近年よく使われるようになってきた。石のなかでは、磨くと光沢が出て美しく、風化や磨耗に強い花崗岩が外装にはよく使われる。下地と石やタイルとの接着にはモルタルを用いるほか、ファスナーと呼ばれる金具で固定する方法も普及してきた。

# いろいろな外装の方法

■コンクリートの上に下地としてモルタルを塗り、タイルや石などを張っていく方法
 [外壁湿式工法]

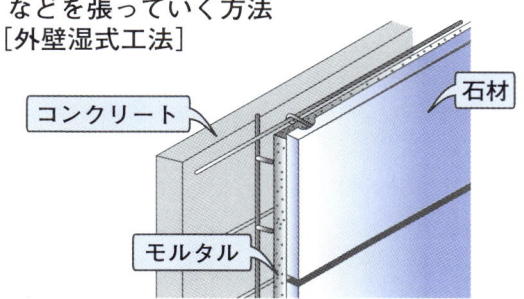

- コンクリート
- 石材
- モルタル

■下地にモルタルを用いず、ファスナーでタイルや石を固定する方法 [外壁乾式工法]

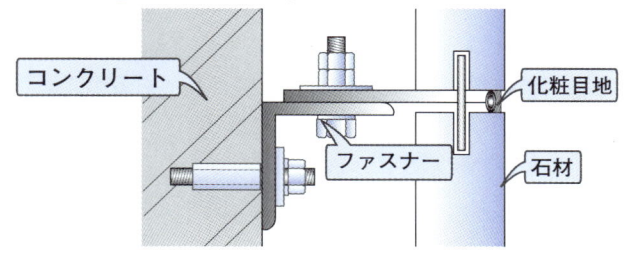

- コンクリート
- 化粧目地
- ファスナー
- 石材

■型枠(かたわく)の内側にタイルを張り込んでおき、そこにコンクリートを流し込んで取り付ける方法

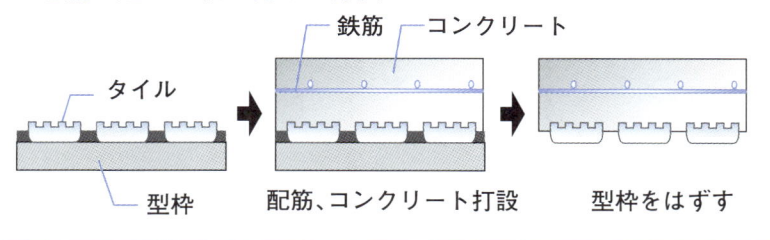

- タイル
- 型枠
- 鉄筋
- コンクリート

配筋、コンクリート打設　　型枠をはずす

# ビルの給水方法

## ～高架水槽式と圧力水槽式～

　ビルの給水施設は、どのようなしくみになっているのか紹介しよう。2階建てくらいの規模の建物なら、水道の配水管の水圧によって各設備に水を送ることができるが（190ページ参照）、もう少し背の高いビルになると、水道管の水圧だけでは上のほうの階の水道蛇口から勢いよく水を出すことができない。そこで、ポンプやタンクといった設備を使って給水するのだが、それにもいくつかの方式がある。

　まず、高架水槽式の説明をしよう。水道の配水管から来る水を一旦受水槽に貯めておき、その水をポンプで汲んで、建物の屋上に設置されているタンクに送る。そこから建物の中のそれぞれの蛇口に、重力によって自然に水を落として送る。水圧が高すぎる場合は、減圧弁を設置し、適切な圧力にするなどの方法で、水の出る勢いを減らしている。これが高架水槽式のしくみである。

　この方式がもっとも一般的なのだが、屋上にタンクを置けない場合や、外観上、屋上にタンクを置きたくないといった場合には、圧力水槽式が用いられる。受水槽に水を貯めておくところまでは高架水槽式と同じだが、そこからポンプで圧力タンクに入れるところからが異なっている。圧力タンクに水が入ると中の空気に圧縮がかかり、この空気の圧力によって建物の中に水が供給されるというしくみだ。

　住宅などの低層の建物に使われる配水管の圧力で直接建物内に給水する方法だと、断水のときに水を使えないが、これらの方式では、断水時も受水槽に残っている分の水を使うことができる。

# ポンプやタンクを使った給水方法

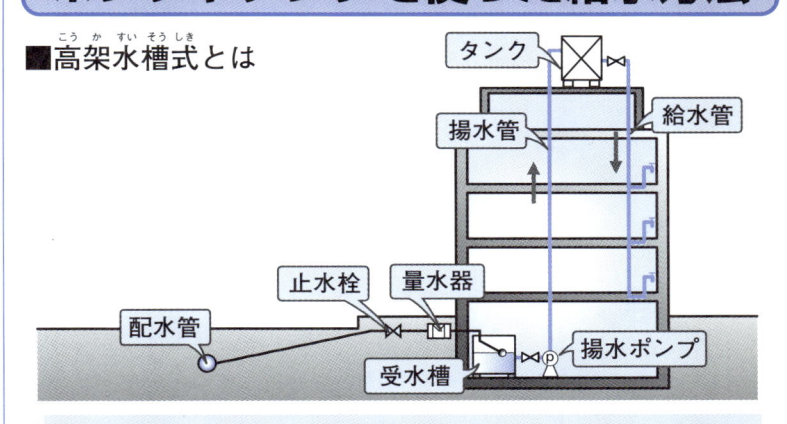

## ■高架水槽式とは

高所にタンクを置く。中高層・中大規模ビルで、一般的に使われている方式。

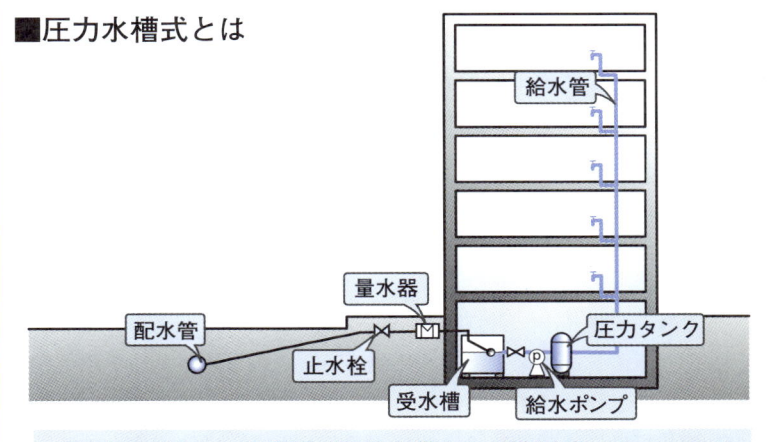

## ■圧力水槽式とは

構造上などタンクの設置が困難な場合や、美観を損なわないために使用される。ただし、水圧が多少変動するという欠点がある。

# 検査をパスすれば工事完了

## ～竣工検査から引き渡し～

　工事が完了し、建物ができあがった状態を竣工という。施主に建物が引き渡され、工事が無事終了したことを祝って祝賀会(竣工式)が行なわれる。これで施主は建物を使えることになるはずなのだが、実際にはその前に建物を使うための検査をパスしなくてはならない。

　建物を建て、使用するまでには、さまざまな検査を受けることが必要である。たとえば、工事に入る前は、地方自治体に確認申請(36ページ参照)をし、工事の計画が建築基準法などの規定に合っているかを自治体の建築主事が確認してから、着工となる。また、地方自治体が指定する建築物は、工事の途中に中間検査を受け、合格証をもらわないと次の工程に進めない。建物ができあがってからすべての検査を行なうのはむずかしいので、中間の時点で、要所要所の検査をしておく必要があるのだ。

　工事が完了したら、まず施工業者が自主的に検査をする。もちろん工事の途中で、材料や製品の検査、施工の要所要所で施工検査を行なっているのだが、最終的に建物の安全を確認し、施主の注文どおりの施工がされているかをチェックしなくてはならない。

　そのあと監理者(設計事務所)が、施工業者立ち会いのもとで検査を行ない、設計図書(36ページ参照)どおりに施工されたか、施主に引き渡せる状態であるかを調べる。このとき不良個所が見つかれば、施工業者はすぐに補修し、それからまたチェックを受ける。

　ある規模以上の建物の場合は、このあとさらに地方自治体に届け出て、建築主事による検査を受ける。この検査にパスし、使用許可を得てやっと、施主はその建物を使うことができることになるのだ。

## 工事が完了したら

### ■引き渡しの前に検査が必要

**主な検査**

**外観検査**
平面図、立面図などと見くらべ、寸法や、仕上材の軟硬、色調などが合っているか確認する。

**機能検査**
電灯、水道、排水などの設備がすべて使用可能か検査する。

**その他**

施工業者が自主的に検査する。

監理者(設計事務所)が施工業者立ち会いのもとで検査を行ない、設計図書どおり施工されたかチェックする。さらに、届け出や許可申請をした内容について、役所や保健所が検査する(官庁検査)。

チェック!

設計事務所

### ■建物が施主に引き渡される

検査を終え、検査に異常がなければ、施工業者から施主に建物が引き渡される。

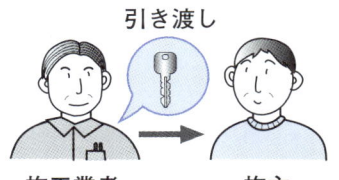

引き渡し

施工業者　　　施主

ある規模以上の建物の工事の場合は、確認申請を行なわなければならない。その場合、工事完了の日から4日以内に到達するように、建築主事に工事完了届を提出する。

# 定期的な メインテナンスを

## ～快適に暮らしていくには～

どんな建物でも、使っていくうちに少しずつ問題が出てくる。たとえば、コンクリートにひびが入った、鉄骨がサビた、身近なところでは、ペンキが剥げてきた、エアコンが効かなくなったなどといったことである。いくら品質のよい建物でも、建物はつねにいろいろなダメージを受けている。なるべく定期的に点検・補修し、建物を快適に使用できるように心がけることが大切である。

一般的にメインテナンスには、年間で建設費の0.5～1％くらいの金額をかけるのが望ましいといわれる。たとえば4千万円で建てた家なら、1年間にその1％の40万円くらいかけて点検・修理を行なうと、とても快適に暮らせるということだ。0.5％の20万円くらいだと、ある程度の修理や補修で終わる。メインテナンスといっても非常に幅広く、普段行なう掃除から障子や壁紙の張り替え、設備の修理、コンクリートや鉄骨などの構造材の補修、また、できるだけ早い段階で劣化した個所を見つけるための定期点検なども含まれる。

とくにコンクリートの劣化については、施工が適切に行なわれていても年数が経つとかならず起こるものである。注意したいのは、コンクリートの中性化（66ページ参照）、ひび割れ、鉄筋の腐食などだ。仕上げ材の上から見て、コンクリートがはがれ落ちていたり、鉄筋のサビが付着していれば、すぐに原因を調査し、補修する。その後も定期的に検査をし、劣化を早いうちに見つけることが大切だ。

2000年から、住宅の品質向上に向けて、住宅供給者は建築後10年間、住宅の品質を保証することが義務づけられたが、使う側も、建物を大切に使い、メインテナンスをおこたらないことが重要だ。

## 点検、補修が必要

■定期的なメインテナンスが必要

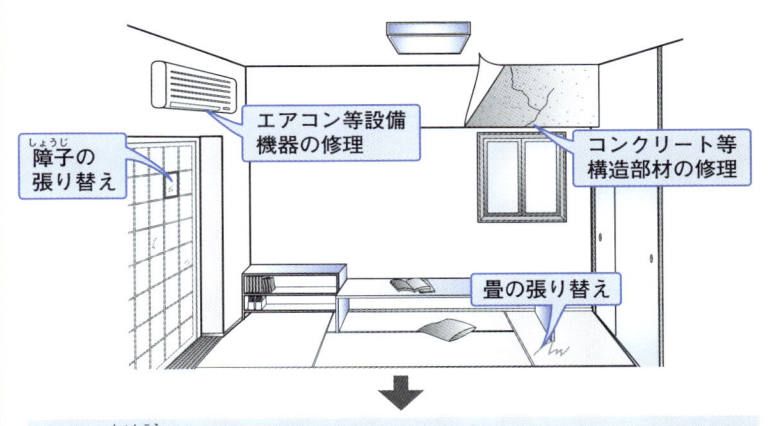

- エアコン等設備機器の修理
- 障子の張り替え
- コンクリート等構造部材の修理
- 畳の張り替え

↓

建物が竣工したあとも、定期的にさまざまなメインテナンスを心掛けるようにすれば建物も長持ちする。

■コンクリートの劣化にはとくに注意を払う

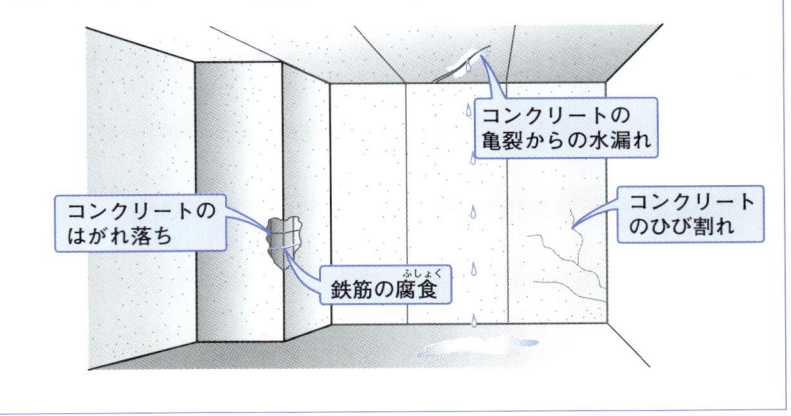

- コンクリートの亀裂からの水漏れ
- コンクリートのはがれ落ち
- 鉄筋の腐食
- コンクリートのひび割れ

# まわりの建築物を眺めてみよう

～これまでとは違った目で～

　さてここまで、住宅を中心に建築についてざっと説明してきた。駆け足で進めていったが、建築というものをだいたいわかってもらえただろうか。建築についてもっと詳しく知りたくなった人は、これまでとは違った目で、建物を見てみるといいかもしれない。

　たとえば、自分の家はどんな工法で建てられたのだろう、構造部材はどのように組まれているのだろう、内装材にはどんな材料が使われているのだろう、自分が住んでいる地域は用途地域に指定されているのだろうか、そんなところにも目を向けてもらいたい。

　また、街中でさまざまな工事現場を目にする。そのとき、工事計画表を見てみると、建物の用途、主要構造部材、杭の形式、施主や施工業者の名前などが書かれているので、建築中の建物の骨組と見くらべて、これはどんな工法で、いまどこを組み立てているのか、そんなことに興味を持って建物を見ると、新たな発見があるかもしれない。

　また、これからの建築のあり方にも目を向けてほしい。たとえば最近よく耳にする言葉に、「環境共生住宅」「エコロジー住宅」「健康住宅」などのエコハウスと呼ばれるものがある。エコハウスとは、太陽の光を利用した発電システムや、雨水を再利用するシステムを取り入れたり、断熱性にすぐれた住まいをつくることによって冷暖房のエネルギー消費を軽減したり、といった環境にやさしい住宅である。省エネルギー、エコロジーの時代ということもあり、注目されている。これは一例だが、現在、建築のあり方は急激に変わっている時ともいえる。ぜひこれからも建築に興味を持ちつづけてほしい。

# 建物のおもしろさを発見しよう

■自分の家をもう一度観察してみよう

チェック！

おもなチェック項目

・どのような工法でできているか？……ツーバイフォー、在来工法など
・どのように構造部材が組まれているか？
・内装材はどんな材料を使っているか？……クロス張り、塗装壁など
・どのような用途地域なのか？……第1種低層、近隣商業地域など

■工事現場も眺めてみよう

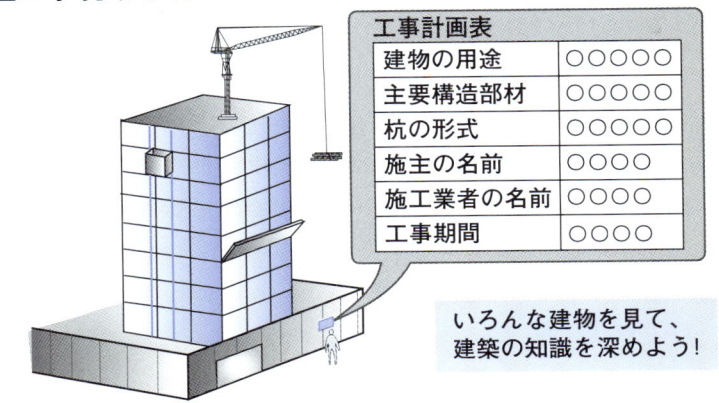

| 工事計画表 | |
|---|---|
| 建物の用途 | ○○○○○ |
| 主要構造部材 | ○○○○○ |
| 杭の形式 | ○○○○○ |
| 施主の名前 | ○○○○ |
| 施工業者の名前 | ○○○○ |
| 工事期間 | ○○○○ |

いろんな建物を見て、建築の知識を深めよう！

## 風への対策は十分ですか？

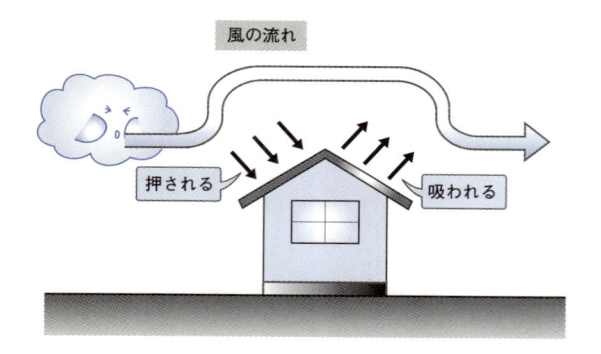

風の流れ

押される　吸われる

　風の強さは、地域や季節、建物の形や地上からの高さ、風を受ける面積や角度などによって違う。台風時には風速・風圧が大きくなり、屋根も取り付け方が悪いと飛ばされてしまうことがある。その地域の最大の風速がどれくらいかはだいたい予測できるので、それに合わせた構造設計をすることが大切だ。

　風には押す力だけでなく、吸う力もある。屋根がめくれあがることがあるのは、屋根の勾配や形によって、風が屋根を押し上げるように働く力によるものだ。とくに風の強い地域では、建物の接合部分をしっかり固定することが必要だ。基礎と土台、土台と柱・梁、梁と小屋組、そして屋根の材料である母屋や垂木、屋根のてっぺんの棟木に至るまで、どこにも弱い所のないように、しっかりと固定しなくてはならない。

# 索 引

## ア行

アスファルト ・・・・・・・・・・・・・・76
圧縮力 ・・・・・・・・・・・・・・42～45
圧力水槽式 ・・・・・・・・・・・・・・208
意匠屋さん ・・・・・・・・・・・32,114
伊勢神宮 ・・・・・・・・・・・・・・・・14
FR鋼 ・・・・・・・・・・・・・・・74,146
応力 ・・・・・・・・・・・・・・・・・・・・42
大壁 ・・・・・・・・・・・・・・180,186

## カ行

荷重 ・・・・・・・・・・・・・・・40,120
霞が関ビル ・・・・・・・・・・・・・・26
仮設工事 ・・・・・・・・・・・166,194
型枠 ・・・・・・・・・188,198～201
かぶり厚さ ・・・・・・・・・・・・・・202
鴨居 ・・・・・・・・・・・・・・・・・・184
瓦 ・・・・・・・・・・・・・・・・・・・174
貫入試験 ・・・・・・・・・・・・・・104
競争入札 ・・・・・・・・・・・・・・・・36
杭基礎 ・・・・・・・・・102,118,196
管柱 ・・・・・・・・・・・・・・・・・・170
グラバー邸 ・・・・・・・・・・・・・・22
結露 ・・・・・・・・・・・・・・・・・・156
建築確認申請 ・・・・・・・・36,210
建築基準法 ・・・・・・・・・・・・・・86
建ぺい率 ・・・・・・・・・・・・・・・・90
高架水槽式 ・・・・・・・・・・・・・208
剛構造 ・・・・・・・・・・・・・・・・128
構造屋さん ・・・・・・・・・・32,114
鋼鉄 ・・・・・・・・・・・・・・・70～75
合板 ・・・・・・・・・・・・・・・・・・・52
国土利用計画法 ・・・・・・・・・・86
固定荷重 ・・・・・・・・・・・40～43
小舞壁 ・・・・・・・・・・・・・・・・186
小屋組 ・・・・・・・・・・・・・・・・172
コンクリート ・・・・・・・・58～63

## サ行

在来軸組工法 ・・・・・・138～140
竿縁天井 ・・・・・・・・・・・・・・186
左官 ・・・・・・・・・・・・・・・・・・182
座屈 ・・・・・・・・・・・・・・・・・・122
市街化区域 ・・・・・・・・・86～89
市街化調整区域 ・・・・・・・・・・86
敷居 ・・・・・・・・・・・・・・・・・・184
敷地造成 ・・・・・・・・・・・・・・106
地業 ・・・・・・・・・・・・・・・・・・166
仕口 ・・・・・・・・・・・・・・・・・・140

地盤沈下 ・・・・・・・・・・・・・・・・・100
柔構造 ・・・・・・・・・・・・・・・・・・・128
竣工 ・・・・・・・・・・・・・・・・・・・・・210
書院づくり ・・・・・・・・・・・・・・・・18
上棟式 ・・・・・・・・・・・・・164,174
真壁 ・・・・・・・・・・・・・・・180,186
靭性 ・・・・・・・・・・・・・・・・・・・・・64
寝殿づくり ・・・・・・・・・・・・・・・・16
水和反応 ・・・・・・・・・・・・・・・・・58
筋違 ・・・・・・・・・・・・・・・140,176
墨出し ・・・・・・・・・・・・・・・・・・198
スランプテスト ・・・・・・・・・・・・60
制振構造 ・・・・・・・・・・・・・・・・130
石材 ・・・・・・・・・・・・・・・・・・・・・54
積載荷重 ・・・・・・・・・・・・40〜43
施工業者 ・・・・・・30,34〜36,114
施主 ・・・・・・・・・・・・・30,36,114
設計事務所 ・・・・・・・・30,36,114
設計図書 ・・・・・・・・・・・・・30,36
石膏ボード ・・・・・・・80,160,186
設備屋さん ・・・・・・・・・・32,114
セメント ・・・・・・・・・・・・・・・・・58
せん断力 ・・・・・・・・・・・・42〜45
測量 ・・・・・・・・・・・・・・・96〜99
塑性 ・・・・・・・・・・・・・・・・・・・120

## タ行

高さ制限 ・・・・・・・・・・・・・・・・・92
高床式建物 ・・・・・・・・・・・・・・・12
竪穴式住居 ・・・・・・・・・・・・・・・12
建前 ・・・・・・・・・・・・・・・164,170
垂木 ・・・・・・・・・・・・・・・・・・・174
弾性 ・・・・・・・・・・・・・・・・・・・120
中性化 ・・・・・・・・・・・・・・・・・・66
ツーバイフォー工法 ・・138,142
継ぎ手 ・・・・・・・・・・・・・・・・・140
鉄筋コンクリート ・・・・64〜67
鉄筋コンクリートづくり
　・・・・・・・・・・・・・・・・・・24,144
鉄骨づくり ・・・・・・・・・・24,146
鉄骨鉄筋コンクリートづくり
　・・・・・・・・・・・・・・・・・・24,148
東京ドーム ・・・・・・・・・・・・・・28
胴差 ・・・・・・・・・・・・・・・・・・・170
東大寺正倉院 ・・・・・・・・48,138
都市計画 ・・・・・・・・・・・・・・・・84
都市計画法 ・・・・・・・・・86〜89
トラス ・・・・・・・・・・・・・・・・・124
トラップ ・・・・・・・・・・・・・・・190

## ナ行

二条城二の丸御殿 ・・・・・・・・・18

布基礎 ・・・・・・・・・102,118,166
根切り ・・・・・・・・・・・・・・・・・110
根太 ・・・・・・・・・・・・・・・・・・・178
熱膨張係数 ・・・・・・・・・・・・・136

## ハ行

馬鹿棒 ・・・・・・・・・・・・・・・・・172
梁 ・・・・・・・・・・・・・・・140,170
ヒートゲイン ・・・・・・・・・・・・154
ヒートロス ・・・・・・・・・・・・・154
火打ち ・・・・・・・・・・・・・・・・・176
引張力 ・・・・・・・・・・・・・42〜45
姫路城 ・・・・・・・・・・・・・・・・・・20
腐食 ・・・・・・・・・・・・・・・・・・・・74
不等沈下 ・・・・・・・・・・・104,118
プレキャストコンクリート
　・・・・・・・・・・・・・・・・・・・・・・68
プレストレストコンクリート
　・・・・・・・・・・・・・・・・・・・・・・68
ベタ基礎 ・・・・・・・・・・・102,118
防水層 ・・・・・・・・・・・・・・・・・・76
ほぞ ・・・・・・・・・・・・・・・・・・・168
ほぞ穴 ・・・・・・・・・・・・・・・・・168
細長比 ・・・・・・・・・・・・・・・・・122
ボンド ・・・・・・・・・・・・・・・・・202

## マ行

曲げモーメント ・・・・・・42〜45
丸太組工法 ・・・・・・・・・・・・・138
水セメント比 ・・・・・・・・・・・・60
水盛り ・・・・・・・・・・・・・・・・・108
見積合わせ ・・・・・・・・・・・・・・36
民法 ・・・・・・・・・・・・・・・・・・・・86
棟木 ・・・・・・・・・・・・・・・164,172
免震構造 ・・・・・・・・・・・・・・・132
木材 ・・・・・・・・・・・・・・・46〜53
母屋 ・・・・・・・・・・・・・・・・・・・172
モルタル ・・・・・・・・・・・・58,76
門型 ・・・・・・・・・・・・・・・・・・・198

## ヤ行

山留め ・・・・・・・・・・・・・・・・・110
遣り方 ・・・・・・・・・・・・・・・・・108
容積率 ・・・・・・・・・・・・・・・・・・90
用途地域 ・・・・・・・・・・・88〜91

## ラ行

ラーメン ・・・・・・・・・・・・・・・126
ランドマークタワー ・・・・・・・26
れんが ・・・・・・・・・・・・・・・・・・56

【参考文献】

『建築施工教科書』建築施工教科書研究会編著　彰国社
『建築・土木のしくみ』大成建設技術開発部編著　日本実業出版社
『最新　建築・土木のしくみ』大脇賢次　日本実業出版社
『建築入門』綜建築研究所編著　講談社ブルーバックス
『よくわかる建築・土木』石井勉監修　ＡＣＥネットワーク著　西東社
『初学者のための建築材料入門』樫野紀元　鹿島出版会
『建築材料・材料設計』松藤泰典編　朝倉書店
『建築材料教科書』建築材料教科書研究会編著　彰国社
『図解でわかる構造力学』高木任之　日本実業出版社
『図解テキスト　建築構造』建築構造システム研究会編　彰国社
『ハンディブック建築』渡辺仁史監修　オーム社
『日本建築史』藤田勝也、古賀秀策編　昭和堂
『日本型建築の歴史と未来像』菊竹清訓　学生社
『図説　日本住宅の歴史』平井聖　学芸出版社
『建築の絵本　日本人のすまい』稲葉和也、中山繁信　彰国社
『建築の絵本　日本建築のかたち』西和夫、穂積和夫　彰国社
『建築探偵神出鬼没』藤森照信（文）、増田彰久（写真）　朝日新聞社
『近代日本の異色建築家』近江栄、藤森照信編　朝日新聞社
『金属材料のマニュアル』技能士の友編集部編著　大河出版
『スチールの科学』和田要　裳華房
『絵とき建築材料』早川潤、廣瀬幸男、遠藤真弘　オーム社
『木の国の文化と木の住まい』小原二郎、阿部市郎、矢田茂樹　三水社
『木と日本の住まい』小原二郎、上村武、大野勝彦、神山幸弘、山井良三郎編
　　日本住宅・木材技術センター
『建物はどうして建っているか』マリオ＝サルバドリー著 望月重訳 鹿島出版会
『confort 2月増刊』建築資料研究社
『ビル風の知識』風工学研究所編　鹿島出版会
『絵とき　測量』栗津清蔵監修　包国勝、茶畑洋介、平田健一著　オーム社
『絵とき　建築計画』長塚和郎　オーム社
『都市にとって土地とは何か』大谷幸夫　ちくまライブラリー
『建築パトロール　新しい住まいの法律』山田修　相模書房
『建築大辞典　第2版』彰国社

監修者略歴

羽根 義男（はね　よしお）

1935年生まれ。松坂工業高校機械科卒業、東京工業大学建築学科卒業。
1958年に大成建設に入社後、建築・設備工事の設計および施工に携わる。
1967年から、種々の生産プラントの設計ならびに施工管理などに携わる。
最終役職はエンジニヤリング本部品質管理部長、理事。1994年からはニスコ建設勤務、新日本製鉄へ出向、建築設計部、専門部長として、建築・建築設備・プラントに関する調査・計画・設計・施工管理に携わる。
技術士（経営工学部門）、一級建築士、一級管工事施工管理技士、建築設備士。

編集協力　（有）トレゾワ
イラスト　井上広子、石山浩美

ナツメ社の書籍・雑誌は、書店または小社ホームページでお買い求めください。
http://www.natsume.co.jp

## 建築

2001年7月10日発行

**監修者**　羽根義男

**発行者**　田村正隆

**発行所**　株式会社ナツメ社
東京都千代田区神田神保町1-52加州ビル2F（〒101-0051）
電話　03（3291）1257（代表）　　FAX　03（3291）5761
振替　00130-1-58661

**制　作**　ナツメ出版企画株式会社
東京都千代田区神田神保町1-52加州ビル3F（〒101-0051）
電話　03（3295）3921（代表）

**印　刷**　東京書籍印刷株式会社

ISBN4-8163-2862-9　　　　　　　　　　　　　　　Printed in Japan
〈定価はカバーに表示してあります〉
〈落丁・乱丁本はお取り替えします〉

本書の一部分または全部を著作権法で定められている範囲を越え、ナツメ出版企画株式会社に無断で複写、複製、転載、データファイル化することを禁じます。

## わかりやすいナツメ社の図解雑学

**天動説からビッグバン、インフレーション理論までわかりやすく解説**
### 図解雑学 宇宙論
二間瀬敏史=著　B6判　224頁　定価:本体1200円+税

**数式を少なくしたわかりやすい解説**
### 図解雑学 相対性理論
佐藤健二=監修　B6判　224頁　定価:本体1200円+税

**ストレスが人体に及ぼす影響をさまざまな角度から解説**
### 図解雑学 ストレス
長嶋洋治=監修　渡辺由貴子・渡辺覚=著　B6判　224頁　定価:本体1200円+税

**複雑系を解く上でポイントとなるカオス、フラクタル等をやさしく解説**
### 図解雑学 複雑系
今野紀雄=著　B6判　224頁　定価:本体1200円+税

**ゴルフに関するあらゆる事象を科学的に分析**
### 図解雑学 ゴルフの科学
岩上真人=監修　B6判　224頁　定価:本体1200円+税

**数の不思議や数学の歴史的トピックスを数多く解説**
### 図解雑学 算数・数学
大矢浩史=監修　B6判　224頁　定価:本体1200円+税

**細胞は何からできているかなど細胞生物学をわかりやすく解説**
### 図解雑学 細胞のしくみ
新免輝男=著　B6判　232頁　定価:本体1200円+税

**身近な具体例を中心に確率の概念や計算方法を解説**
### 図解雑学 確率
今野紀夫=著　B6判　212頁　定価:本体1200円+税

**微分・積分の考え方をわかりやすく解説**
### 図解雑学 微分・積分
佐藤健二=監修　B6判　224頁　定価:本体1200円+税

# わかりやすいナツメ社の図解雑学

電気と電子に関する基礎知識をわかりやすく解説
## 図解雑学 電気・電子のしくみ
桑原守二・三木 茂=監修　B6判　224頁　定価:本体1200円+税

身の回りに存在し、暮らしに役立っている電磁波をわかりやすく解説
## 図解雑学 電磁波
二間瀬敏史=著　B6判　212頁　定価:本体1200円+税

電気の話は苦手という人にも、面白さがわかるように平易に解説
## 図解雑学 電子回路
福田 務・田中洋一郎=著　B6判　224頁　定価:本体1200円+税

現代社会を支えるデジタルの概念をわかりやすく解説
## 図解雑学 デジタル
大河 啓・大矢浩史=監修　B6判　224頁　定価:本体1200円+税

現代技術の基盤ともいえる半導体の基礎を丁寧に解説
## 図解雑学 半導体
燦ミアキ・大河 啓=監修　B6判　224頁　定価:本体1200円+税

通信の歴史をひもときながら、その本質と現状、未来を解説
## 図解雑学 通信のしくみ
小林直行=著　B6判　224頁　定価:本体1200円+税

機械一般に共通するしくみをわかりやすく解説
## 図解雑学 機械のしくみ
大矢浩史=監修　B6判　224頁　定価:本体1200円+税

万有引力の法則から熱力学、波動、電磁気学までを丁寧に解説
## 図解雑学 物理のしくみ
井田屋文夫=著　B6判　224頁　定価:本体1200円+税

人間の脳のしくみを最新情報にもとづいて解説
## 図解雑学 脳のしくみ
岩田 誠=監修　B6判　224頁　定価:本体1200円+税

## わかりやすいナツメ社の図解雑学

遺伝子・染色体、DNAなどをわかりやすく解説
### 図解雑学 遺伝子のしくみ
池北雅彦・小原康治=著　B6判　224頁　定価:本体1200円+税

素朴な疑問から、気象のしくみを丁寧に解説
### 図解雑学 気象のしくみ
村松照男=監修　オリンポス=著　B6判　224頁　定価:本体1200円+税

時間と空間が視覚的にわかる時空図を使い解説
### 図解雑学 時空図で理解する相対性理論
和田純夫=著　B6判　224頁　定価:本体1200円+税

難解といわれる一般相対性理論をわかりやすく解説
### 図解雑学 重力と一般相対性理論
二間瀬敏史=著　B6判　224頁　定価:本体1200円+税

不確定性理論などをわかりやすく解説
### 図解雑学 量子力学
佐藤健二=監修　B6判　224頁　定価:本体1200円+税

量子論発展の歴史を追いながら、平易な文章と絵で解説
### 図解雑学 量子論
佐藤勝彦=監修　B6判　224頁　定価:本体1200円+税

解明されはじめた究極の物質「素粒子」を解説
### 図解雑学 素粒子
二間瀬敏史=著　B6判　224頁　定価:本体1200円+税

実際の観測データにもとづきわかりやすく解説
### 図解雑学 天文学
二間瀬敏史=著　B6判　224頁　定価:本体1200円+税

宇宙のはじまり「ビッグバン」を最新の情報にもとづいて解説
### 図解雑学 ビッグバン
前田恵一=著　B6判　224頁　定価:本体1200円+税